D0460585

Dios es joven

DIOS ES JOVEN

Una conversación con Thomas Leoncini

PAPA FRANCISCO

Traducción de M.ª Ángeles Cabré

RANDOM HOUSE · NEW YORK

Edición 2018 en rústica de Random House Trade Paperback

Título original: *God Is Young*

Publicado en los Estados Unidos de América por Random House división de Penguin sello y Random House LLC, New York.

RANDOM HOUSE y su colofón HOUSE son marcas registradas de Penguin Random House LLC.

La versión original fue publicada en tapa dura y en forma diferente en los Estados Unidos de América por Random House, sello y división de Penguin Random House LLC en 2018.

Traducción español por María Ángeles Cabré, utilizado por acuerdo con Editorial Planeta, S.A.

ISBN 978-1-9848-0163-0
Ebook ISBN 978-1-9848-0164-7

Impreso en los Estados Unidos de América sobre papel alcalino

randomhousebooks.com

10 9 8 7 6 5 4 3 2 1

No arriesgamos nada
poniéndonos a disposición de Dios:
y como su juventud es inmutable,
también nuestra juventud se renovará
como la de la Iglesia.
MAURICE ZUNDEL

Juventud, vasta, lozana, amorosa;
juventud llena de gracia, fuerza y fascinación.
¿Sabes que la Vejez puede venir en pos de ti
con la misma gracia, fuerza y fascinación?
WALT WHITMAN

A LOS LECTORES DE TODAS LAS EDADES

Por una revolución de la ternura

Dios es joven, es siempre nuevo.

Estábamos sentados frente a frente en una sala de la planta baja de la Domus Sanctae Marthae cuando el papa Francisco pronunció estas palabras. Recuerdo el momento exacto y, con todo detalle, su mirada encendida por una chispa, como si quisiera, junto a las palabras, transmitir algo profundo y a la vez liberador. Estábamos a mitad de nuestro quinto encuentro para la preparación de este libro y esa frase me llegó con una fuerza inusitada: como si la historia estuviera pasando, en ese instante, por mis manos, que escribían atentas palabra sobre palabra, para poder estrechar un millar de manos y llegar a un millar de corazones.

Con esas palabras memorables el pontífice estaba afirmando que los jóvenes, es decir, los grandes rechazados de nuestro tiempo inquieto, son en realidad «de la misma pasta» que Dios. Que sus mejores características son las suyas. Un Dios que no es solo Padre —y Madre, como ya había subrayado Juan Pablo I—, sino Hijo, y por ello Hermano. Francisco reivindicaba para ellos una centralidad. Los sacaba de los márgenes a que han sido relegados y los señalaba como protagonistas del presente y del futuro, de la historia común.

Si es cierto que los jóvenes son los eternos subordinados de la sociedad de consumo —fagocitados por interminables inicios para los que cuesta terriblemente hallar conclusiones lógicas y constantemente engañados por una linealidad social que ya no existe—, estas páginas nacen del deseo de liberarlos de esta condición, y el sínodo de los jóvenes de 2018, como me ha confirmado el pontífice, es el marco ideal para comprender y ahondar en profundidad en su significado.

Francisco ha dedicado una parte importante de su valioso tiempo a este proyecto y yo no he sido más que el medio que el papa ha escogido para hacer llegar sin filtros su mensaje a los jóvenes de todo el mundo.

Los jóvenes no son los únicos rechazados por esta sociedad, lo son también muchos adultos y sobre todo los ancianos, ajenos a las lógicas del mercado y del poder.

Es necesario encontrar, nos dice el pontífice, la fuerza y la determinación, pero también la ternura para crear cotidianamente un puente entre jóvenes y ancianos: de su abrazo la sociedad puede realmente salir fortalecida, en beneficio de todos aquellos que han quedado atrás y que merecen constantemente nuestra mirada.

La valentía y la sabiduría son los ingredientes esenciales de la revolución dulce que en lo más hondo todos necesitamos.

THOMAS LEONCINI

Dios es joven

I

Jóvenes profetas y viejos soñadores

Papa Francisco, para empezar, quisiera preguntarle qué es la juventud.

La juventud no existe. Cuando hablamos de juventud, inconscientemente, a menudo hacemos referencia a los mitos de juventud. Así pues, me gusta pensar que la juventud no existe y que en su lugar existen los jóvenes. Del mismo modo, no existe la vejez, sino que existen los viejos. Y cuando digo *viejos* no digo una palabra fea, todo lo contrario: es una palabra preciosa. Tenemos que estar contentos y sentirnos orgullosos de ser viejos, del mismo modo que por lo general se está orgulloso de ser joven. Ser viejo es un privilegio:

significa tener suficiente experiencia para poderse conocer y reconocer en los errores y en los aciertos; significa la capacidad de volver a ser potencialmente nuevos, precisamente como cuando éramos jóvenes; significa haber madurado la experiencia necesaria para aceptar el pasado y, sobre todo, haber aprendido del pasado. A menudo nos dejamos dominar por la cultura del adjetivo, sin el apoyo del sustantivo. *Juventud*, ciertamente, es un sustantivo, pero es un sustantivo sin un apoyo real, una idea que queda huérfana de una creación visual.

¿Qué ve cuando piensa en un joven?

Veo a un chico o a una chica que busca su propio camino, que quiere volar con los pies, que se asoma al mundo y mira el horizonte con ojos llenos de esperanza, llenos de futuro y también de ilusiones. El joven camina con dos pies como los adultos, pero a diferencia de los adultos, que los tienen paralelos, pone uno delante del otro, dispuesto a irse, a partir. Siempre mirando hacia delante. Hablar de jóvenes significa hablar de promesas, y significa hablar de alegría. Los jóvenes tienen tanta fuerza, son capaces de mirar con tanta esperanza… Un joven es una promesa de vida que lleva incorporada un cierto grado de tenacidad; tiene la suficiente locura para poderse autoengañar y la suficiente capacidad para poder curarse de la desilusión que pueda derivar de ello.

Además, no se puede hablar de jóvenes sin tocar el tema de la adolescencia, pues no hay que infravalorar nunca esta fase de la vida, que probablemente es la más difícil e importante de la existencia. La adolescencia marca el primer contacto verdadero y consciente con la identidad y representa una fase de transición en la vida no solo de los hijos, sino de toda la familia; es una fase intermedia, como un puente que nos lleva al otro lado de la calle. Y por esta razón los adolescentes no son ni de aquí ni de allí, están en el camino, de viaje, en movimiento. No son niños —y no quieren ser tratados como tales—, pero no son tampoco adultos —y sin embargo quieren ser tratados como tales, especialmente por lo que respecta a los privilegios—. En consecuencia, probablemente se puede decir que la adolescencia es una tensión, una inevitable tensión introspectiva del joven. Pero al mismo tiempo es tan fuerte que logra afectar también a toda la familia, o quizás es precisamente eso lo que la hace tan importante. Es la primera revolución del joven hombre y de la joven mujer, la primera transformación de la vida, la que te cambia tanto que a menudo trastorna también las amistades, los amores, la cotidianidad. Cuando se es adolescente, la palabra *mañana* difícilmente se puede usar con certeza. Probablemente, incluso cuando somos adultos tendríamos que ser más cautos a la hora de pronunciar la palabra *mañana*, sobre todo en este momento histórico; pero nunca se es tan consciente del *instante* y de la importancia que este reviste como cuando se es adolescente. Para el adolescente el instante es un mundo que puede trastornar también toda la vida; probablemente, en esa fase se piensa mucho más en el presente que durante todo el resto de la existencia. Los adolescentes buscan la confrontación, preguntan, lo discuten todo, buscan respuestas. Debo destacar lo importante que es este discutirlo todo. Los adolescentes están ansiosos por aprender, por salir adelante y ser independientes, y es en este período cuando los adultos deben ser más comprensivos que nunca e intentar mostrarles el camino correcto con su propio comportamiento, sin pretender enseñarles solo con palabras.

Los chicos pasan a través de estados de ánimo distintos, a menudo repentinos, y las familias con ellos. Es una fase que presenta riesgos, sin duda, pero sobre todo es una etapa de crecimiento, para ellos y para toda la familia.

La adolescencia no es una patología y no podemos afrontarla como si lo fuera. Un hijo que vive bien su propia adolescencia —por difícil que pueda resultarles a los padres— es un hijo con futuro y esperanza. A menudo me preocupa la tendencia actual a «medicalizar» precozmente a nuestros chicos. Parece que se quiera resolver cualquier cosa medicalizando, controlándolo todo y siguiendo el eslogan «disfrutar del tiempo al máximo»; y así, la agenda de los chicos se vuelve peor que la de un gran líder. Insisto: la adolescencia no es una patología que debamos combatir; forma parte del crecimiento normal, es natural en la vida de nuestros chicos.

Donde hay vida hay movimiento, donde hay movimiento hay cambios, búsqueda, incertidumbre, hay esperanza, hay alegría, y también angustia y desolación.

¿Cuáles son las primeras imágenes que le vienen a la cabeza de su juventud? Intente volver a verse en Argentina con veinte años...

A esa edad estaba en el seminario. Tuve un encuentro muy fuerte con el dolor: me quitaron un trozo de pulmón a causa de tres quistes. Esta experiencia tan intensa condiciona el recuerdo que me pides que evoque, pero hay algo que recuerdo bien, una cosa muy íntima: estaba lleno de sueños y de deseos.

¿Recuerda alguno de sus sueños?

Te cuento una anécdota, que explica la delgada línea que hay entre los deseos y los límites. Tenía casi diecisiete años y recuerdo que era el día de la muerte del músico Serguéi Serguéievich Prokófiev. Me gustaban mucho sus obras. Estaba en el patio de la casa de mi abuela materna, sentado a la mesa del jardín. Le pregunté a mi abuela: «¿Cómo se puede tener el genio para hacer cosas como aquellas a las que nos ha acostumbrado Prokófiev?». Y ella me dijo: «Jorge, mira que Prokófiev no nació así, más bien se ha vuelto así. Ha luchado, ha sudado, ha sufrido, ha construido: la belleza que ves hoy es el trabajo de ayer, de lo que ha sufrido e invertido, en silencio». No olvido jamás conversaciones como esta con mis dos abuelas, figuras en las que pienso constantemente y a las que quise mucho.

¿Ha habido sueños que no se han realizado?

Por supuesto, y algunos los he vivido como frustraciones. Como cuando quería irme como misionero a Japón pero no me enviaron por culpa de la operación en el pulmón. Algunos, cuando era muy joven, me daban por «desahuciado», y en cambio ahora aquí estoy, hoy, de manera que la cosa ha ido bien... Siempre es mejor no escuchar demasiado a quienes nos quieren mal, ¿no estás de acuerdo?

Su encuentro con Dios ha llegado de joven, ¿recuerda el momento exacto?

El encuentro fuerte con Dios se produjo cuando tenía casi diecisiete años, exactamente el 21 de septiembre de 1953. Estaba yendo a reunirme con mis compañeros de colegio para hacer una acampada. En Argentina, el 21 de septiembre es primavera y, en esa época, se celebraba una fiesta dedicada a nosotros, los jóvenes. Era católico como mi familia, pero jamás antes de aquel día había pensado ni en el seminario ni en un futuro dentro de la Iglesia. Quizás de niño, cuando hacía de monaguillo, pero de una manera muy fugaz. Caminando, vi la puerta abierta de la parroquia y algo me empujó a entrar: allí vi venir hacia mí a un sacerdote. Sentí entonces el deseo repentino de confesarme. No sé qué sucedió exactamente durante esos minutos, pero, fuera lo que fuera, me cambió la existencia para siempre. Salí de la parroquia y regresé a casa. Había entendido de una manera intensa y límpida cómo sería mi vida: tenía que hacerme sacerdote. Mientras tanto estudiaba química y empecé a trabajar en un laboratorio de análisis; también tuve una novia, pero dentro de mí continuaba arraigando cada vez con más fuerza la idea del sacerdocio.

O sea, que tuvo que pelear.

Sabía que sería mi camino, pero algunos días me sentía como en un péndulo. No quiero ocultarte que también tenía algunas dudas, pero Dios gana siempre y, al poco tiempo, encontré la estabilidad.

¿Se ha sentido alguna vez traicionado por Dios?

Jamás. He sido yo quien lo ha traicionado. En algunos momentos también yo he sentido como si Dios se alejara de mí, del mismo modo que yo me he alejado de Él. En los momentos más oscuros, uno se pregunta: «Dios mío, ¿dónde estás?». Siempre he pensado que yo buscaba a Dios, pero era más bien Él quien me buscaba. Él llega siempre el primero, nos espera. Utilizaré una expresión que usamos en Argentina: el Señor nos *primerea*, se nos anticipa, nos está esperando; pecamos y Él nos está esperando para perdonarnos. Él nos espera para acogernos, para darnos su amor, y, cada vez que lo hace, la fe crece.

¿Por qué nuestra sociedad tiene tanta necesidad de los jóvenes y, sin embargo, los rechaza?

No solo los jóvenes son rechazados, pero los jóvenes se resienten muchísimo porque han nacido y crecido en una sociedad que ha hecho de la cultura del rechazo su paradigma por excelencia. En nuestra sociedad, «usar y tirar» es una costumbre: se usa sabiendo que una vez acabado el disfrute se tirará. Y estos son aspectos muy profundos que se adueñan de los hábitos de las personas y de los esquemas mentales. Nuestra sociedad está dominada de un modo demasiado fuerte y vinculante por una crisis económico-financiera donde en el centro no están el hombre y la mujer, sino el dinero y los objetos creados por el hombre y la mujer. Estamos en una fase de deshumanización de lo humano: no poder trabajar significa no poder sentirse digno. Sabemos todos lo diferente que es ganarse el pan para llevar a casa o, por el contrario, ir a buscarlo a un centro de asistencia...

A menudo se invita a los jóvenes —sobre todo lo hacen adultos ricos— a no pensar demasiado en el dinero porque cuenta poco, pero hoy, en la mayoría de los casos, el dinero que un joven busca es el necesario para la supervivencia, para poderse mirar en el espejo con dignidad, para poder construir una familia, un futuro. Y sobre todo para empezar a no depender ya de los padres. ¿Qué piensa de esto?

Pienso que debemos pedirles perdón a los chicos porque no siempre los tomamos en serio. No siempre los ayudamos a ver el camino y a construirse aquellos medios que podrían permitirles no acabar rechazados. A menudo no sabemos hacerles soñar y no somos capaces de entusiasmarlos. Es normal buscar dinero para construir una familia, un futuro, y para salir de ese papel de subordinación a los adultos que hoy los jóvenes sufren durante demasiado tiempo. Lo que cuenta es evitar experimentar la codicia de la acumulación. Hay personas que viven para acumular dinero y piensan que tienen que acumularlo para vivir, como si el dinero se transformara después en alimento también para el alma. Esto significa vivir al servicio del dinero, y hemos aprendido que el dinero es concreto, pero dentro tiene algo de abstracto, de volátil, algo que de un día para otro puede desaparecer sin previo aviso; piensa en la crisis de los bancos y en las recientes suspensiones de pagos. Pero este que comentas creo que es un tema importante: has citado el dinero en función de la necesidad de sustento y, así pues, de trabajo. Puedo decirte que el trabajo es el alimento del alma, el trabajo sí puede transformarse en alegría de vivir, en cooperación, en suma de intentos y en juego de equipo. El dinero, no. Y el trabajo debería ser para todos. Cada ser humano debe tener la posibilidad concreta de trabajar, de demostrarse a sí mismo y a sus seres queridos que puede ganarse la vida. No podemos aceptar la explotación, no se puede aceptar que muchísimos jóvenes sean explotados por quienes les dan trabajo con falsas promesas, con pagos que no llegan nunca, con la excusa de que son jóvenes y deben adquirir experiencia. No podemos aceptar que quienes dan trabajo esperen de los jóvenes un trabajo precario y para colmo incluso gratuito, como sucede. Sé que hay casos de trabajo gratuito, y a veces incluso con una preselección para poderlo llevar a cabo. Esto es explotación y genera las peores sensaciones en el alma; sensaciones que poco a poco crecen y pueden incluso cambiar la personalidad de los jóvenes.

Los jóvenes piden ser escuchados y nosotros tenemos el deber de escucharlos y acogerlos, no de explotarlos. No valen excusas.

Imaginemos a un joven con talento, pero que no sea un «hijo de papá», con muchas ganas de hacer cosas, sin contactos, honrado y sin ganas de entrar en estos mecanismos de subordinación. ¿Qué puede hacer realmente para no ser relegado al papel de «rechazado»? ¿Realmente la llamada «fuga de cerebros» es el único camino para salir de este mecanismo y construirse un futuro limpio? Lo digo porque para muchos jóvenes la fuga resulta ser la única ancla de salvación posible e imaginable...

Te contesto con una palabra: *parresía*. Estoy hablando de coraje, de poner fervor en nuestras acciones. En la oración, por ejemplo, aconsejo también a los jóvenes que recen con *parresía*. Quiere decir que no hace falta conformarse con haber pedido una vez, dos veces, tres veces. Hay que pedir, pedir y rezar por algo hasta el límite. Así es como rezaba David cuando suplicaba por su hijo moribundo (2 Samuel 12, 15-18): consiste fundamentalmente en jugársela hasta el final, como hizo también Moisés cuando rezaba por el pueblo rebelde. Nunca cambió de «equipo», no regateó, nunca dejó de creer y de creer en él. No olvidemos nunca este concepto: la intercesión no es para los blandos. En el Evangelio, Jesús nos habla con claridad: «Pedid y os será dado, buscad y encontraréis, llamad y se os abrirá» (Mateo 7, 7). Y, al igual que Jesús se esforzaba por hacérnoslo entender bien, está el ejemplo de ese hombre que llama al timbre del vecino a medianoche para que este le dé tres panes, sin que le preocupe pasar por maleducado: le interesa solo encontrar comida para su invitado (Lucas 11, 5-8). A cambio de tanta insistencia y constancia en la oración, Jesús promete la certeza del éxito: «Porque quien pide recibe, y quien busca encuentra, y a quien llama se le abrirá» (Mateo 7, 8). Jesús nos explica también el porqué del éxito: «¿Quién de vosotros, al hijo que le pide el pan, le dará una piedra? ¿Y si le pide un pescado, quién le dará una serpiente? Si vosotros, pues, que sois malos, sabéis darles cosas buenas a vuestros hijos, ¡cuánto más vuestro Padre que está en los cielos les dará cosas buenas a los que se las pidan!» (Mateo 7, 9-11).

No hay que confundir nunca la valentía con la inconsciencia; es más, la inconsciencia es una acérrima enemiga de la valentía. Pero quien no tiene valentía es *apocado* ('poca cosa'), como se dice en español: se dice *apocado* cuando se habla de quien no da nunca un paso de más en la vida por miedo a resbalar.

Lo que regula la *parresía* es la capacidad de ser

paciente (en griego, *hypomone*) frente a las dificultades. La *parresía* va unida siempre al *hypomone*; también en la oración se lucha cada día con valentía y paciencia.

¿Qué se puede hacer para que los jóvenes, que son rechazados a diario, se sientan en el centro del proyecto?

Hay que hacer que se conviertan en protagonistas o, mejor dicho, *permitir* que se conviertan en protagonistas. Para entender a un joven debemos entenderlo en movimiento, no puedes estar quieto y pretender encontrarte con él en su longitud de onda. Si queremos dialogar con un joven, debemos ser flexibles, y entonces será él quien se ralentice para escucharnos, será él quien decida hacerlo. Y cuando se ralentice, empezará otro movimiento: un movimiento en el que el joven empezará a ir más lentamente para hacerse escuchar y los ancianos acelerarán el paso para encontrar el punto de encuentro. Se esfuerzan ambos: los jóvenes en ir más despacio y los viejos en ir más deprisa. Esto podría determinar el progreso. Querría aquí citar a Aristóteles, quien en su *Retórica* (II, 12, 2) dice: «Para los jóvenes el futuro es largo y el pasado corto; de hecho, al comienzo de la mañana aún no hay nada de la jornada para recordar, mientras que se puede esperar todo. Es fácil que se dejen engañar, por la razón que menciono, es decir, porque esperan fácilmente. Y son más valientes porque son impetuosos y les resulta fácil esperar, y de estas dos cualidades la primera les impide tener miedo y la segunda los vuelve confiados; de hecho, nadie teme nada cuando está enfadado, y esperar algo bueno da confianza. Y los jóvenes son susceptibles de enfadarse».

A partir de los nacidos en los años ochenta, que yo llamo «los nacidos líquidos», la relación entre los jóvenes y la fe religiosa ha adoptado un cariz distinto respecto al pasado: cada vez hay más jóvenes que crecen sin una fuerte tradición religiosa familiar. ¿A qué cree que se debe? ¿Puede cambiar esta perspectiva?

Se debe al propio desarrollo de la secularización, pero también a la crisis general de las familias y de la economía. Además, estoy firmemente convencido de la importancia de la sobriedad en la vida de la Iglesia: los hombres y las mujeres de Iglesia deberían *vestirse* solamente de lo que puede servir para la experiencia de fe y caridad del pueblo de Dios y *desnudarse* de lo superfluo. Siempre es mejor tener los bolsillos vacíos, porque el diablo vive siempre en los bolsillos llenos; es más, entra en nuestra vida por los bolsillos.

En una sociedad que parece abundar en agentes dobles y en lobos hambrientos, ¿cómo convencer a los jóvenes de que pueden encontrar en su camino a hombres que viven con sus mismos presupuestos?

La respuesta es: gracias a los demás jóvenes. Porque un joven tiene algo de profeta, y debe darse cuenta de ello. Debe ser consciente de que tiene las alas de un profeta, la actitud de un profeta, la capacidad de profetizar, de *decir*, pero también de *hacer*. Un profeta de hoy tiene capacidad de hacer reproches, pero también de mirar con perspectiva. Los jóvenes tienen estas dos cualidades. Saben reprochar, aunque muchas veces no expresan bien sus reproches. Y tienen también la capacidad de escrutar el futuro y mirar hacia adelante. Pero los adultos son crueles y dejan sola toda esta fuerza de los jóvenes. Los adultos a menudo desarraigan a los jóvenes, extirpan sus raíces y, en lugar de ayudarlos a ser profetas por el bien de la sociedad, los convierten en huérfanos y en desarraigados. Los jóvenes de hoy están creciendo en una sociedad desarraigada.

¿Qué entiende por sociedad desarraigada?

Me refiero a una sociedad hecha de personas y de familias que poco a poco van perdiendo sus vínculos, ese tejido vital tan importante para sentirnos parte los unos de los otros, partícipes con los demás de un proyecto común, y común en el sentido más amplio de la palabra. Una sociedad está arraigada si es consciente de pertenecer a una historia y a otros, entendido esto en el significado más noble del término. Está, en cambio, desarraigada si el joven crece en una familia sin historia, sin memoria y, en consecuencia, sin raíces. Todos sabemos desde niños lo importantes que son las raíces, incluso físicamente: si no hay raíces, cualquier viento acaba por arrastrarte. Por eso una de las primeras cosas en las que tenemos que pensar como padres, como familias, como pastores, es en los escenarios donde arraigar, donde generar vínculos, donde hacer crecer esa red vital que nos permita sentirnos *en casa*. Para una persona, es una terrible alienación sentir que no tiene raíces, significa no pertenecer a nadie: no hay nada peor que sentirse extranjero en casa, sin un principio de identidad que compartir con otros seres humanos. Las raíces nos convierten en seres menos solos y más completos.

Hoy, las redes sociales parecerían ofrecernos este espacio de conexión con los demás; internet hace que los jóvenes sientan que forman parte de un único grupo. Pero el problema es que internet implica su propia virtualidad: deja a los jóvenes *en el aire*, y por ello extremadamente *volátiles*. Me gusta recordar una frase del poeta argentino Francisco Luis Bernárdez: «lo que el árbol tiene de florido vive de lo que tiene sepultado». Cuando vemos unas bonitas flores en los árboles, no debemos olvidarnos de que podemos gozar de esta visión solo gracias a las raíces.

¿Cómo nos podemos salvar de la sociedad desarraigada?

Una manera poderosa de salvarnos creo que es el diálogo, el diálogo de los jóvenes con los ancianos: una interacción entre viejos y jóvenes, incluso saltándonos, temporalmente, a los adultos. Jóvenes y ancianos deben hablarse y deben hacerlo cada vez más a menudo: ¡es algo muy urgente! Y deben ser tanto los viejos como los jóvenes quienes tomen la iniciativa. Hay un pasaje de la Biblia (Joel 3, 1) que dice: «Vuestros ancianos tendrán sueños, vuestros jóvenes tendrán visiones».

Pero esta sociedad rechaza a los unos y a los otros, rechaza a los jóvenes al igual que rechaza a los viejos. Y, sin embargo, la salvación de los viejos es darles a los jóvenes la memoria, y esto convierte a los viejos en unos auténticos soñadores de futuro; mientras que la salvación de los jóvenes es tomar estas enseñanzas, estos sueños, y seguir en la profecía. Para que nuestros jóvenes tengan visiones, sean ellos mismos *soñadores* y puedan afrontar con audacia y valentía los tiempos futuros, hace falta que escuchen los sueños proféticos de sus antepasados. Viejos soñadores y jóvenes profetas son el camino de salvación de nuestra sociedad desarraigada: dos generaciones de rechazados nos pueden salvar a todos.

Todo esto tiene relación con lo que yo llamo la revolución de la ternura, pues en el acercamiento de un joven a un anciano hay una necesidad de ternura, y hace falta ternura si un anciano quiere acercarse a un joven. El mensaje debe partir de los unos y de los otros, no hay jerarquías, ambos deben buscarse.

En cambio, por el contrario, y lamentablemente, entre los adultos —esta vez no hablo de los viejos, sino de la generación del medio— y los jóvenes veo siempre muchísima competición, una competición que parte de los adultos hacia los jóvenes, e incluso hacia los jovencísimos. En muchos casos se puede hablar incluso de rivalidad.

¿Cómo se ha llegado a esta rivalidad?

Parece que crecer, envejecer, *estancarse* es algo malo. Es sinónimo de vida agotada, insatisfecha. Hoy parece que todo esté maquillado y enmascarado. Como si el propio hecho de vivir no tuviera sentido. ¡Recientemente he hablado de lo triste que es que alguien quiera hacerse un *lifting* incluso en el corazón! ¡De lo doloroso que es que alguien quiera borrar las arrugas de tantos encuentros, de tantas alegrías y tristezas! Demasiado a menudo hay adultos que juegan a ser jovencitos, que sienten la necesidad de ponerse al nivel del adolescente, pero no entienden que es un engaño. Es un juego diabólico. No logro comprender cómo es posible que un adulto sienta que compite con un muchacho, pero lamentablemente sucede cada vez más a menudo. Es como si los adultos dijeran: «Tú eres joven, tienes esta gran posibilidad y esta enorme promesa, pero yo quiero ser más joven que tú, yo puedo serlo, puedo fingir que lo soy y ser mejor que tú también en esto».

Hay demasiados padres con cabeza adolescente, que juegan a la eterna vida efímera y, más o menos conscientemente, convierten a sus hijos en víctimas de este perverso juego de lo efímero. Pues, por un lado, educan a hijos sumidos en la cultura de lo efímero y, por otro, hacen que crezcan cada vez más desarraigados, en una sociedad que llamo por ello *desarraigada*.

Hace algunos años, en Buenos Aires, cogí un taxi: el conductor estaba muy preocupado, casi afectado, y me pareció enseguida un hombre inquieto. Me miró por el espejo retrovisor y me dijo: «¿Usted es el cardenal?». Yo contesté que sí y él replicó: «¿Qué debemos hacer con estos jóvenes? No sé cómo manejar a mis hijos. El sábado pasado subieron al taxi cuatro chicas apenas mayores de edad, de la edad de mi hija, y llevaban cuatro bolsas llenas de botellas. Les pregunté qué iban a hacer con todas aquellas botellas de vodka, whisky y otras cosas; su respuesta fue: "Vamos a casa para prepararnos para la juerga de esta noche"». Este relato me hizo reflexionar mucho: esas chicas eran como huérfanas, parecía que no tuvieran raíces, querían convertirse en huérfanas de su propio cuerpo y de su razón. Para garantizarse una velada divertida, tenían que llegar ya borrachas. Pero ¿qué significa llegar a la juerga ya borrachas?

Significa llegar llenas de ilusión y llevando consigo un cuerpo que no se controla, un cuerpo que no responde a la cabeza ni al corazón, un cuerpo que responde solo a los instintos, un cuerpo sin memoria, un cuerpo compuesto solo por carne efímera. No somos nada sin la cabeza y sin el corazón, no somos nada si nos movemos presa de los instintos y sin la razón. La razón y el corazón nos acercan los unos a los otros de una manera real; y nos acercan a Dios para que podamos pensar en Dios y podamos decidir ir a buscarlo. Con la razón y el corazón podemos también entender quién está mal, identificarnos con él, convertirnos en portadores del bien y del altruismo. No olvidemos nunca las palabras de Jesús: «Quien quiera ser grande entre vosotros servirá, y quien quiera ser el primero de entre vosotros será esclavo de todos. Ni siquiera el hijo del hombre ha venido para que le sirvan, sino para servir» (Marcos 10, 43).

¿Y los que gobiernan piensan en estas palabras de Jesús?

Gobernar es servir a cada uno de nosotros, a cada uno de los hermanos que forman el pueblo, sin olvidar a ninguno. Quien gobierna debe aprender a mirar hacia lo alto solo para hablar con Dios y no para jugar a ser dios. Y debe mirar hacia abajo solo para levantar a quien ha caído.

La mirada del hombre debe ir siempre en estas dos direcciones. Si queréis ser grandes, mirad hacia arriba a Dios y hacia abajo a quien ha caído: las respuestas a las preguntas más difíciles se encuentran siempre mirando en estas dos direcciones a la vez.

¿Qué les puede aconsejar a los que gobiernan?

Que no escuchen solo a los intermediarios, sino que bajen de las alturas y miren de verdad a su alrededor. Aconsejo a quien gobierna que *toque* la realidad. Y que se mantenga alejado de la vanidad y del orgullo: el hombre vanidoso y orgulloso no conoce la sabiduría, y el hombre sin sabiduría acaba siempre mal.

¿Cuál es la peor consecuencia del pecado en que puede caer quien tiene el poder?

Seguramente la destrucción de sí mismo. Pero hay otra, que no sé si es la peor, pero que es muy recurrente: acabar por resultar ridículo. Y del ridículo no se vuelve.

¿Cuál fue una de las figuras más ridículas de la historia? En mi opinión, Poncio Pilatos: si hubiera sabido que tenía delante al Hijo de Dios, y que el Hijo de Dios había usado su poder para lavarles los pies a sus discípulos, ¿acaso se hubiera lavado las manos? ¡Creo que no!

El evangelista Juan nos cuenta que el Señor era consciente de tener todo el poder del mundo en sus manos. ¿Y qué decidió hacer con todo ese poder? Un único gesto, que fue un gesto de servicio, en concreto el servicio del perdón. Jesús decidió que el poder se tenía que transformar, desde ese momento y para siempre, en servicio. ¿Cuál ha sido el verdadero mensaje profético de todo esto? Ha hecho caer a los poderosos de sus tronos y ha ensalzado a los humildes. El poder es servicio y debe permitirle al prójimo sentirse bien cuidado, cuidado como corresponde a su dignidad. El que sirve es igual que el que es servido.

Es decir, en la práctica, ¿qué tendría que hacer quien tiene tanto poder?

Cuanto más poder se tiene, más dispuesto hay que estar a servir. Quien tiene algo más de poder tiene que estar dispuesto a servir un poco más. Es aquí donde debería hallarse la verdadera competición: entre quienes quieren servir más.

Pero para contestar de una manera más exhaustiva a tu pregunta, puedo hablarte de quince enfermedades muy peligrosas para el hombre: las escribí para que sirvieran de guía para la curia, pero son igual de útiles para quien tiene el poder y para cada uno de nosotros. Diría que, en cierto modo, están vinculadas precisamente al poder.

La primera es la enfermedad de sentirse inmortales o incluso indispensables: deriva del narcisismo y es típica de quien mira apasionadamente su propia imagen y no ve a Dios en los ojos de los demás, y sobre todo no reconoce la luz de Jesús en los ojos de los necesitados. La medicina para curarla es la gracia de sentirnos pecadores y de decir con todo el corazón: «Somos siervos inútiles. Hemos hecho lo que debíamos hacer» (Lucas 17, 10).

La segunda es la enfermedad que yo llamo del *martalismo* (que viene de Marta de Betania, cuya historia se cuenta en el Evangelio de Lucas), o sea, de la excesiva laboriosidad; es la de quien se sumerge en el trabajo, negligiendo inevitablemente el hecho de sentarse a los pies de Jesús (cfr. Lucas 10, 38-42). Negligir el necesario descanso acarrea estrés, ansiedad y una agitación inútil.

La tercera enfermedad es la del endurecimiento mental y espiritual, típica de quien tiene un corazón de piedra y la «cabeza dura» (cfr. Hechos 7, 51). Es la enfermedad de quien, en el camino, pierde aquella serenidad, aquella vivacidad, aquella audacia, y acaba por convertirse en una máquina de repetición. De quien pierde las ganas de seguir midiéndose, de despertarse cada mañana y vivir todavía como si fuera el primer día de su misión.

La cuarta enfermedad es la de la excesiva planificación y el funcionalismo: cuando una persona lo planifica todo minuciosamente y cree que basta con hacer una perfecta planificación de las cosas para que estas progresen, se convierte en un contable, en un auditor de la existencia. La realidad es que no se puede encerrar en un programa la libertad del Espíritu Santo. El Espíritu Santo te trae frescura, fantasía, novedad —observa la similitud con el concepto de joven del que hemos hablado.

La quinta enfermedad es la de la mala coordinación: es como si el pie le dijera al brazo: «no te necesito», o bien la mano le dijera a la cabeza: «mando yo», causando malestar y escándalo.

La sexta enfermedad es la que llamo «alzhéimer espiritual»: es el olvido de la propia historia de salvación, de la historia personal con el Señor, del «primer amor» (Apocalipsis 2, 4), de las propias raíces; les sucede en particular a todos aquellos que viven hedonísticamente, a aquellos que son esclavos de sus pasiones, de sus caprichos, de sus manías, de sus fobias y de sus instintos, a veces muy sórdidos y bajos.

La séptima enfermedad es la de la rivalidad y la vanagloria: se presenta cuando la apariencia, los colores de la ropa y los emblemas de honor se convierten en el primer objetivo de la vida, olvidando las palabras de san Pablo: «No hagáis nada por rivalidad o vanagloria, sino que cada uno de vosotros, con toda la humildad, considere a los demás superiores a sí mismo. Que cada cual no busque el interés propio, sino también el de los demás» (Filipenses 2, 3-4).

La octava enfermedad es la de la esquizofrenia existencial. Es típica de aquellos que viven una doble vida, fruto de la hipocresía del mediocre y el progresivo vacío espiritual que graduaciones, honores o títulos no pueden colmar. Es la enfermedad de quien pierde el contacto con la realidad, con las personas concretas, y se convierte en un simple ejecutor de tareas burocráticas. Estas personas crean un mundo propio paralelo donde dejan de lado todo lo que enseñan severamente a los demás, y empiezan a vivir una vida oculta y a menudo disoluta.

La novena enfermedad es la de los chismosos, las murmuraciones, los cotilleos. Es una enfermedad grave. A menudo comienza simplemente con un «te quiero comentar algo» y después se adueña de la persona convirtiéndola en «sembradora de cizaña», como Satanás, y en muchos casos en homicida a sangre fría de la fama de los demás. Sí, porque también se puede matar al prójimo con la lengua, y no hay que infravalorar nunca el poder de las palabras. Se puede hablar del «terrorismo de los chismes», porque este cotilleo se parece justamente a la acción del terrorista: con la lengua tiras la bomba, destruyes a los demás, y después te marchas tranquilo, como si nada hubiera pasado.

La décima enfermedad es la de la adoración de los jefes. Es la enfermedad de quienes cortejan excesivamente a los dirigentes, esperando obtener su benevolencia. No debemos caer jamás víctimas del arribismo y del oportunismo; hay que honrar a Dios y pensar siempre, más bien, en aquello que se debe *dar*, y no en lo que se debe *obtener*.

La undécima enfermedad es la de la indiferencia hacia los demás: cuando se piensa solo en uno mismo y se pierden la sinceridad y el calor de las relaciones humanas. Pero sucede también cuando el más experto no pone sus propios conocimientos al servicio de los colegas menos expertos. O bien cuando, por celos o por astucia, se alegra al ver al otro caer, en lugar de levantarlo y animarlo.

La duodécima enfermedad es la de la cara fúnebre, o sea, la de las personas bruscas y hoscas, que piensan que para ser serios hay que poner cara de desinterés y de severidad, y tratar a los demás, sobre todo a los considerados inferiores, con rigidez, dureza y arrogancia.

La decimotercera enfermedad es la de «consumir consumo», la del consumismo. Es la enfermedad del acumular: cuando la persona intenta colmar el vacío existencial que hay en su corazón acumulando bienes materiales, no por necesidad, sino solo para sentirse seguro. En realidad, no nos podremos llevar con nosotros nada material, pues «el sudario no tiene bolsillos». ¿Has visto alguna vez un camión de mudanzas acompañando un cortejo fúnebre? A mí no me ha pasado nunca...

La decimocuarta enfermedad es la de los círculos cerrados, donde la pertenencia al grupo se vuelve más fuerte que la pertenencia al propio Cristo. Esta enfermedad empieza casi siempre con buenas intenciones, pero con el paso del tiempo acaba en malas costumbres y esclaviza a sus miembros.

La última enfermedad de la que quiero hablarte es la de los beneficios mundanos, de los exhibicionismos, cuando la persona transforma su servicio en poder y su poder en mercancía para obtener beneficios mundanos o más poder aún. Es la enfermedad del poder que se alimenta de sí mismo, de las personas que intentan insaciablemente multiplicar poderes y que para alcanzar este fin son capaces de calumniar, difamar y desacreditar a los demás, incluso en los periódicos y las revistas. Es una enfermedad que se alimenta orgullosamente de la vanidad. Los padres del desierto comparaban la vanidad con una cebolla porque —decían— cuesta llegar a su centro: se sigue deshojando, pero queda siempre algo; cuando menos, queda el olor. La vanidad es una burbuja de jabón, y ser vanidoso significa falsear la propia vida.

¿Hay alguna enfermedad moral del hombre que sea peor que las demás?

Hay una enfermedad muy grave y de la cual tengo mucho miedo, y que está muy difundida sobre todo en esta época: la incapacidad de sentirse culpable.

Temo a aquellos que he llamado «trepas ambiciosos», quienes tal vez tras sus títulos internacionales y su lenguaje técnico (tan a menudo «gaseoso») esconden su precaria sabiduría y, sobre todo, una casi total ausencia de humanidad. Algunas veces, la gente, por miedo al dolor y al cansancio, al trabajo y al sacrificio, prefiere confiar en estos individuos poco recomendables —aunque a menudo recomendados—. Pero ¿qué sería del ser humano sin dolor?

Aquí he tocado otro tema en mi opinión muy importante: el miedo al dolor moral. Gracias al dolor aprendemos día tras día a crecer. El dolor y las pruebas que nos plantea la vida nos proporcionan una ocasión indispensable para conocernos en lo más profundo del alma y para entender nuestros límites, hasta que llegamos a preguntarnos: ¿hay realmente necesidad de que corra más sangre para que nuestro orgullo herido y quebrado admita su derrota?

El dolor puede proporcionarnos también una útil enseñanza, no lo olvidemos: puede ayudarnos a entender lo mucho que estamos excavando bajo la superficie y, en consecuencia, puede ser determinante para cambiar también radicalmente nuestras actitudes, nuestros comportamientos. Quede claro que este razonamiento no debe ser confundido con el masoquismo; estoy hablando de un dolor que no se busca, pero que llega y que, así pues, hay que afrontar.

Quisiera volver a la insatisfacción juvenil: ¿que el joven no se realice puede relacionarse estrechamente con su miedo a envejecer? Quiero decir:

¿quiere seguir siendo siempre joven para no ver el final de la esperanza de las oportunidades? Esto encaja con los datos que indican que cada vez más jóvenes, algunos muy jóvenes, recurren a la cirugía plástica...

Así pues, recapitulando, hay adultos que, como usted dice, juegan a perseguir el mito de la eterna juventud y jóvenes que tienen el mismo miedo a envejecer que los adultos...

¿Qué piensa del exceso de cirugía plástica en los jóvenes?

Creo que los jóvenes, ya sean chicos o chicas, recurren cada vez más a la cirugía plástica sobre todo para homologarse con el estándar de la sociedad y no acabar entre las vidas rechazadas; al menos, intentan prolongar la ilusión de ser protagonistas. Lamentablemente, hasta que no se curen de esta cultura del rechazo, los más frágiles seguirán creyendo que encuentran una solución en lo efímero.

Debemos ser todos conscientes de que una sociedad construida sobre lo efímero y sobre el rechazo crea solo placeres momentáneos e ilusorios y no alegrías profundas y duraderas.

Entre las modas actuales de lo efímero, ¿cuáles despiertan en usted más preocupación?

Me hace reflexionar mucho, y también me asusta, que se exagere con la moda de lo que en Argentina se llaman *mascotas,* que son esos pequeños animales de compañía que cada vez más la gente lleva consigo, todos los días y todo el día. A veces se siente un gran amor por los animales, tema que es importante y que en mi opinión es justo tener en cuenta, pues Dios ha creado al hombre, pero también a los animales y el medioambiente. Pero resulta preocupante, en cambio, cuando las personas —presas de un incómodo sentido de la soledad y acaso por la voluntad de experimentar el «juego de ser dios»— son completamente absorbidas en cuerpo y alma por la relación con su mascota. Usan a los animales y no respetan su dignidad. Es una moda ilusoria destinada a construir un afecto programado: la amistad programada, la familia al alcance de la mano, el amor al alcance de la mano. Se trata de un amor a imagen y semejanza de sí mismos, que olvida al ser humano y las relaciones sociales, y que identifica las mascotas como personas. En realidad, el animal se convierte en un esclavo del propietario, y este último se aprovecha de una relación creada a medida para sustituir las relaciones sociales humanas, que por el contrario necesitan de diálogo e intercambio recíproco. La relación con la mascota corre el riesgo de convertirse en una relación-vínculo, de dirección única, en la que uno siempre es, sea como sea, perdonado, y a la que se le puede hacer cualquier cosa. Todo esto no tiene nada que ver con el amor por los animales, que es noble y es, en consecuencia, otra cosa distinta.

Y después, evidentemente, me da mucho miedo la industria de la estética y de la cirugía plástica. No podemos permitirnos que se convierta en una necesidad para el ser humano; por el bien de todos, no podemos aceptar la exasperación de una estética artificial. Todo esto deshumaniza la belleza del hombre, para hacer que se parezca, en cambio, a algo que es «igual para todos».

¿Acaso no nos damos cuenta de lo horrible que es que todos seamos «iguales que todos»?

¿Por qué queremos parecernos a un estándar?

¿Por qué no nos queremos como Dios nos ha hecho?

¿Por qué el ser humano, hombre y mujer, se está volviendo cada vez más esclavo de las apariencias y de las posesiones, olvidándose de lo indispensable que es ser?

Son preguntas que me formulo frecuentemente, pues creo que se trata de temas importantísimos en una sociedad como la nuestra, tan líquida y llena de comienzos sin final. Comienzos sin final: seguramente esta es la imagen más adecuada.

A este respecto, basta con entrar en Facebook, Instagram, Twitter o Pinterest y escribir #lips #labios #besos #kiss *para asistir a una efusiva alabanza de la cirugía plástica, ya sea para hombres jóvenes o pa-*

ra mujeres jóvenes. Cuanto más reconstruido se está, más likes *se tienen. ¿Qué piensa de todo esto?*

Pienso que es preocupante, pues también aquí se juega a ser dios: se juega a construirse una imagen distinta de la que se tiene gracias a la naturaleza y a la historia natural. Se corre el riesgo de que la reconstrucción continua de una vida nueva y paralela cree dependencia y acabe por sustituir a la que Dios nos ha dado. Sí, porque la vida es un regalo, no me canso de repetirlo. Si recibo un regalo y sigo modificándolo a mi gusto, cada día, ¿cómo puede no decepcionarse quien me lo ha regalado?

Dios perdona, es cierto, pero debemos reflexionar más sobre qué somos realmente en esencia. Aunque entiendo cada vez más que la causa de todo esto es la propia sociedad, que consume y consume y consume, dejando poco espacio para la esencia y mucho para la apariencia. Y, así pues, también «rehacerse» parece convertirse en una exigencia para retrasar el rechazo.

Otra cosa distinta, en cambio, es el adecuado cuidado de uno mismo; querer presentarse bien ante los demás, el respeto, el decoro, la valoración positiva de uno mismo, fruto de una justa autoestima y del sentido de la propia dignidad. Este es el correcto cuidado del cuerpo y de la propia imagen, que también expresa externamente un cuidado y una belleza interiores. Esto es algo bueno y correcto.

Pero sé que el equilibrio es difícil. Es difícil cambiar a un ser humano sin cambiar la sociedad que lo alimenta; y es aquí donde quiero volver a mi fuerte confianza hacia los jóvenes, que pueden cambiar la sociedad junto a los ancianos.

Cuénteme alguna experiencia directa suya de la eficacia de la relación entre jóvenes y ancianos.

Empezaré por el principio: cuando éramos niños, a las dos de la tarde de cada sábado, mi madre nos hacía escuchar la ópera que se transmitía en Radio Nacional (aún no había tocadiscos) y nos explicaba, como una auténtica aficionada a la música, la historia de esas melodías y de sus autores; gracias a estas primerísimas experiencias, me interesé con entusiasmo por la cultura y por el gozo de la creatividad. Después, cuando era un muchacho, el sábado siguió siendo para mí un día muy importante, pues podía ir a la ópera y ver en vivo los espectáculos. Recuerdo perfectamente mi ubicación en el teatro, en lo que en Argentina llamamos *gallinero*: iba allí porque era más barato. Junto a nuestra casa de Buenos Aires había una familia, y con ellos vivía una señora que tenía dos hijos y se había quedado viuda. Hacía de criada de la familia, pero con una gran dignidad. Era una mujer extremadamente culta y le gustaba mucho leer libros de filosofía; tenía también una cierta dosis de autoridad, pues la familia la veía como un punto de referencia para el cuidado de la casa y todos confiábamos mucho en ella. Hablábamos a menudo y recuerdo bien el primer día que la invité a ir a la ópera conmigo: estuvo contenta, durante la representación la miraba y la veía sonreír. Esto me hacía sentirme bien, había reparado la invisibilidad con la consideración. Yo me ocupé de ella, pero ella, al mismo tiempo, se ocupó de mi alma, porque me hacía sentir bien; me sentía orgulloso de ir con ella algún que otro sábado a la ópera. Cuando salíamos comentábamos el espectáculo, intercambiábamos críticas y opiniones. Son experiencias tan intensas y felices que las recuerdo aún como si hubieran sucedido esta mañana. Esto me hizo crecer, me hizo interactuar realmente por primera vez con una anciana que no formaba parte de mi familia biológica, y fue importante para mí.

Y aquí vuelvo a cómo puede ser útil un joven para un anciano y un anciano para un joven. Para seguir contestando a tu pregunta, quisiera hablar de otra persona: llevo siempre una medalla del Sagrado Corazón que me regaló una señora siciliana que ayudaba a mi madre dos veces a la semana, una señora viuda, que hacía de señora de la limpieza para alimentar a sus hijos. Cuando entré en el seminario, estuve sin verla durante veinte años, hasta que un día, creo que fue en 1981, cuando era rector en el Colegio Massimo, vino a la facultad a verme: me avisaron, pero yo estaba muy liado con los problemas cotidianos y solicitado por diferentes frentes, y le pedí a la secretaria que le dijera que en aquel momento no estaba.

No sabes cuánto lloré cuando me di cuenta de lo que había hecho: años de llanto y de culpa.

Rezaba para reencontrarla y que el Señor me perdonase esta injusticia. Un día, cuando era obispo, un sacerdote me contó que se había puesto a hablar en un taxi con el taxista, un hombre que decía que me conocía. Le dio a este sacerdote su número de teléfono, pidiéndole que por favor me lo hiciera llegar. ¡Era el hijo de esta señora! Vi finalmente la oportunidad de limpiar el que para mí había sido un pecado grande, que me había hecho sufrir tanto. Llamé inmediatamente al hijo, que me contó que su madre aún vivía, y pregunté enseguida si podía volver a verla. Esa mujer había sido muy importante para mí, me había enseñado la crueldad de la guerra, me había contado todo de esa época, que yo había podido ver a través de sus ojos. Desde que nos reencontramos, no he dejado nunca de darle gracias al Señor por esta gracia que me hizo. Y después, cuando ella tenía noventa y dos años, estuve a su lado cuando murió.

Quien tiene experiencia tiene el deber de ponerla a disposición de los jóvenes, con altruismo.

¿Dios es para todos? ¿También para quien no cree en Dios?

Cuando fui a Cracovia para asistir a la Jornada Mundial de la Juventud, un joven universitario me preguntó: «¿Cómo puedo hablar con un coetáneo ateo? ¿Qué puedo decirle a un joven ateo que no tiene ninguna relación con Dios?».

Le contesté: «¿Por qué tienes necesidad de decir? Debemos siempre *hacer*, no *decir*. Tú *haz*. Si empiezas a hablar, harás proselitismo, y hacer proselitismo significa usar a la gente. Los jóvenes son muy sensibles a los testimonios, necesitan hombres y mujeres que sean ejemplos, que hagan cosas sin pretender nada de los demás, que se muestren tal como son y nada más. Serán ellos, los demás jóvenes, los que te hagan preguntas, y así llegará también el momento de hablar, de decir».

¿O sea, que todos somos hijos de Dios?

Dios nos ha parido a todos, sin distinciones. Dios es también nuestra madre. Incluso el papa Juan Pablo I insistió en la imagen de Dios como madre de la humanidad. Piensa en este pasaje del profeta Isaías (49,14-16): «Sion dijo: el Señor me ha abandonado, el Señor se ha olvidado de mí. ¿Se olvida acaso una mujer de su niño, hasta el punto de no conmoverse por el hijo de sus entrañas?».

Los sentimientos de ternura en las Escrituras son muy recurrentes, el amor de Dios es también «visceral», para decirlo con una palabra humana. Me parece muy significativo el pasaje de Lucas (13, 34) donde dice: «Jerusalén, Jerusalén, que matas a los profetas y lapidas a aquellos que te envían, ¡cuántas veces he querido reunir a tus hijos como una gallina a sus crías bajo las alas y vosotros no habéis querido!». Cuando Jesús dijo estas palabras, lloró sobre Jerusalén...

Pero querría añadir algo respecto a Dios. En el libro del Apocalipsis (21, 5) leemos esta frase: «Y Aquel que se sentaba en el trono dijo: Aquí me tenéis, yo convierto en nuevas todas las cosas». Así pues, Dios es Aquel que lo renueva todo siempre, porque Él es siempre nuevo: ¡Dios es joven! Dios es el Eterno que no tiene tiempo, pero que es capaz de renovar, de rejuvenecerse continuamente y de rejuvenecerlo todo. Las características más peculiares de los jóvenes son también las suyas. Es joven porque «hace nuevas todas las cosas» y le gustan las novedades; porque asombra y le gusta asombrarse; porque sabe soñar y desea nuestros sueños; porque es fuerte y entusiasta; porque construye relaciones y nos pide a nosotros que hagamos otro tanto, porque es social.

Pienso en la imagen de un joven y veo que él también tiene la posibilidad de ser «eterno», poniendo en juego toda su pureza, su creatividad, su valentía y su energía, acompañado por los sueños y la sabiduría de los ancianos. Es un ciclo que se cierra, que crea una nueva continuidad y me recuerda la imagen de la eternidad.

El sociólogo Erich Fromm hablaba de religión cibernética: el hombre ha hecho de sí mismo un dios al haber adquirido la capacidad técnica de una segunda creación del mundo, que sustituye a la primera creación, obra del Dios de la religión tradicional.

Transportando el pensamiento de Fromm hasta hoy, y aún más al futuro inmediato, hemos hecho de los ordenadores y de internet unos nuevos dioses, y hemos creído que somos semejantes a Dios usando los ordenadores e internet.

Los seres humanos, en su máxima condición de impotencia efectiva, con el apoyo de internet y de los ordenadores conseguimos imaginarnos *omnipotentes. Pero no solo eso: si a esto le sumamos la cirugía plástica, y, así pues, la reconstrucción del hombre por parte del propio hombre, y los animales de compañía de los que usted hablaba, que pueden ser un ejemplo de afecto programado y hecho a medida, ¿se puede hablar de un hombre que se* engaña, *como nunca antes de ahora en la historia, con la propia omnipotencia?*

Cierto, se puede hablar. Aunque la tecnología es más un bien que un mal. Es justo que estemos contentos con los grandes pasos hacia delante que han dado la tecnología y la ciencia, cada vez más relacionadas la una con la otra; después de todo, en los últimos dos siglos se han dado continuos y cada vez más importantes cambios: hemos pasado de la máquina de vapor al telégrafo, a la electricidad, al automóvil, al avión, a las industrias químicas, a la informática; y últimamente a la revolución digital, a la robótica, a las biotecnologías y a las nanotecnologías. Todos ellos, sin duda, han sido grandes pasos hacia delante para la humanidad. Pero hagámonos una pregunta: ¿qué ha hecho el hombre para crear todas estas cosas? La respuesta está en una sola palabra: creatividad. Quisiera citar a Juan Pablo II, quien en 1981 dijo: «La ciencia y la tecnología son un producto maravilloso de la creatividad humana, que es un regalo de Dios». Si hablamos de tecnología, debemos recordar siempre que esta, en sus innumerables facetas, ha sido un verdadero progreso, un remedio para numerosos males que afligen al ser humano.

Al mismo tiempo, también es cierto que todas estas tecnologías le han dado al hombre un enorme poder respecto al pasado; y en concreto es importante analizar hasta qué punto quien tiene ingentes posibilidades económicas puede disfrutar y dominar de una manera impresionante todas estas tecnologías. Y aquí estoy de acuerdo contigo cuando dices que la humanidad jamás ha tenido tanto poder sobre sí misma. Lamentablemente, la pregunta que me hago a menudo es: ¿la humanidad está usando bien todo este poder? Habiendo empezado la frase con un *lamentablemente*, no creo que sea necesario añadir nada más…

¿Cómo puede un joven realizarse sin entrar en el mecanismo de la corrupción? Cito sus palabras: la dife-

rencia entre pecadores y corruptos es que los primeros reconocen el pecado como tal y lo afrontan con humildad; los segundos elevan su modo de vida a sistema y pecan sin arrepentirse.

Los corruptos están a la orden del día. Pero los jóvenes no deben aceptar la corrupción como si fuera un pecado como los demás, no deben acostumbrarse jamás a la corrupción, pues lo que dejamos pasar hoy, mañana volverá a repetirse, hasta que nos acostumbremos y también nosotros nos convirtamos en parte del engranaje indispensable. Los jóvenes, al igual que los ancianos, tienen la pureza, y juntos, jóvenes y ancianos, deben estar orgullosos de encontrarse —limpios, puros y sanos— para construir un camino de vida en común sin corrupción. Quiero explicar bien la idea de pureza como concepto que une a jóvenes y viejos. Los jóvenes son puros porque no han conocido en su piel la corrupción, son, en cierta medida, moldeables por el presente, y esto puede revelarse también peligroso, pues la pureza en que viven puede transformarse en algo feo, impuro, sucio, sobre todo si tienen que enfrentarse a las repetidas tentativas de proselitismo y asimilación a la masa. Con la vejez, hablando en términos generales, pues lamentablemente no todos los casos específicos son así, los seres humanos vuelven en cierto sentido a su estado «puro»; ya no tienen la codicia del éxito y del poder, ya no están condicionados por lo efímero como podían estarlo cuando eran adultos. Y atención: también un viejo arrepentido, que años atrás hubiera formado parte de los corruptos, puede resultar útil para el crecimiento de los jóvenes. Ese viejo, de hecho, ha conocido los mecanismos de la corrupción y los ha reconocido, y de este modo puede ilustrar al joven sobre cómo no caer en ellos, compartiendo con él la experiencia, y explicarle cómo no acabar igual que él. Volvemos, pues, a la importancia del testimonio.

El corrupto no conoce la humildad, siempre consigue decir: «no he sido yo», y lo hace con una cara de falsa santidad —«fa la mugna quacia», como decimos en dialecto piamontés (pone cara de no haber roto un plato)—; vive en la mentira, se cansa de pedir perdón y deja muy pronto de pedirlo. Por el contrario, pensemos en el Evangelio: Mateo, el buen ladrón, y Zacarías son figuras que pecan, pero no son corruptos, no se han plegado a la corrupción; les ha quedado un ancla de salvación que los protege de la corrupción.

Basta una brizna de esperanza en el corazón para dejar entrar a Dios.

A los jóvenes se les ha quitado ya mucho, pero habrá esperanza hasta que no sean corruptos.

¿Cuál podría ser, en su opinión, la misión de cada joven para ayudar a los demás jóvenes a encontrar un sitio en esta sociedad?

Los jóvenes deben mirarse unos a otros como si fueran una gran familia. Y los que consiguen asomar la cabeza, encontrar un camino, deben sentirse responsables de lanzar un mensaje, de sentirse profetas para contar cómo se puede hacer el bien, hacer cosas buenas. Quien está más adelantado debe ayudar a los demás a tener fuerza.

¿Qué se puede hacer para sensibilizar sobre el estado de emergencia social que estamos viviendo?

Se habla de «filosofía del bofetón»; me refiero evidentemente a un bofetón cultural, no físico. Debemos conseguir demostrar con los hechos, con el testimonio, que el diálogo entre ancianos y jóvenes nos enriquece a todos y que conlleva una evolución para la sociedad. Esto sería un gran bofetón cultural. Lo he visto también a pequeña escala; bastó organizar un viaje de un grupo de jóvenes a una residencia de ancianos: fue una experiencia magnífica para todos. Ahora, con las debidas proporciones, intentemos pensar en qué sucedería si en la vida de todos los días se creara una verdadera sinergia entre jóvenes y ancianos.

Usted consigue realmente que los jóvenes de todo el mundo, creyentes, agnósticos o ateos, heterosexuales y homosexuales, se sientan comprendidos, y lo demuestra con los hechos: comprende la fragilidad de los jó-

venes y los ayuda; les habla, les anima a aceptarse; no pretende enseñar, sino que con su pureza enseña mucho más respeto que cualquier maestro que se autoproclame como tal. Y la pureza llega directamente, no necesita atajos o explicaciones.

¿Qué piensa si le digo que su papado es un elogio a la fragilidad y a los rechazados?

Solo digo una cosa... Me gustaría mucho que fuera así. Soy un creyente y me quedo asombrado frente a la fragilidad de Dios en Jesús, frente a Jesús «el rechazado».

II

En este mundo

El cambio climático es cada vez más alarmante. En su opinión, ¿los jóvenes han percibido la urgencia de la cuestión? ¿Los jóvenes de hoy son más propensos a tutelar el ecosistema respecto a las generaciones anteriores?

Es un tema que me preocupa mucho, porque solo protegiendo el ecosistema podremos proteger a nuestros hijos, a nuestros nietos y a todas las generaciones futuras. En consecuencia, el cuidado del medioambiente debería escribirse en rojo en la primera página de todas las agendas políticas. Y esto me lleva a otra consideración, que por desgracia me espanta: el sometimiento de la política a otros aspectos, como las finanzas; una política que «consume consumo» es una política que acaba por ser invisible, porque inevitablemente se consume también a sí misma.

Pero tú me preguntas si los jóvenes de hoy están más atentos a los problemas climáticos y en general al medioambiente, y te contesto que sí. Y no solo porque tengo una gran confianza en estas jóvenes generaciones, sino porque tienen muchos más medios respecto a las pasadas para darse cuenta de la gravedad de la situación. Internet es en esto una «bendición»: permite la sensibilización de los jóvenes a través de otros jóvenes y hace que se comuniquen personas en inferioridad de condiciones. Todos nosotros debemos mirar siempre a aquellos que en este momento están más abajo, los que no interesan a los corruptos y que, en cambio, pueden dejar de ser rechazados y olvidados y transformarse en «portadores de alegría».

¿Qué relación ve entre la sensibilización sobre el clima y el rechazo hacia los más frágiles?

Creo que están estrechamente unidos, pues estamos hablando de la misma lógica: la que no siente una especial preocupación por el medioambiente es la misma lógica que rechaza a los más frágiles, que no los integra. Esto sucede porque la lógica de la que hablo considera que es poco sensato invertir en que los más débiles, aquellos que parten en la vida con un hándicap, puedan abrirse camino. Creo firmemente que una buena política debe pensar en grande, tener una visión muy amplia, capaz de no excluir a los más débiles y de paso de no dedicar las jornadas parlamentarias a discursos interminables y a veces inconsistentes. Hace falta reaccionar rápidamente, pensando sobre todo en quienes se han quedado atrás y no tan solo en quienes están delante, como en cambio a muchos les gusta hacer. Sucede a menudo que la causa de la desafección que los jóvenes —pero no solo ellos— sienten por la política es exclusiva responsabilidad de esta misma, a causa de ineficaces políticas públicas y también del exceso de corrupción, incluso demasiado visible y a plena luz del día. La vergüenza de pecar parece haber desaparecido, y este es un pecado terrible.

¿La crisis medioambiental se debe más a la política o a la economía?

Si la primera piensa únicamente en conservar y aumentar su propio poder, y la segunda tan solo en el beneficio inmediato, probablemente se hace necesaria una doble admisión de culpa, pero sobre todo una sinergia útil para resolver el problema de raíz. Si dominan estos dos principios, ¿habrá acaso espacio para preservar el medioambiente y cuidar a los más débiles?

Pero quisiera decir algo sobre la economía, y creo que este es un buen momento para hacerlo: no quiero demonizar el mercado como forma de organizar nuestros intercambios. Sin embargo, debemos hacernos una pregunta concreta: la propia idea de «mercado», ¿en qué nos hace pensar? Pues en personas que compran y venden. Todo lo que no forma parte del comprar y del vender no existe. ¿Y qué tal si pensamos en que no todo se vende y no todo se puede comprar? La espiritualidad, el amor, la amistad: todo esto no se puede comprar y, sin embargo, parece que para «ser alguien» debes, más que *ser* algo, *poseer* algo. Me refiero también a la adquisición de puestos directivos o gerenciales: todo eso son *cosas*. Sientes que eres alguien en función de ese cargo, que te otorga un papel, da un papel a tu nombre, y entonces ya no te avergüenzas de quien eres, sea cual sea tu origen, pues has conseguido ese papel en el banquete del consumo. Quien compra en el banquete del consumo se asegura algo más de autonomía para no acabar entre los rechazados. Es como tener un poco más de batería en el móvil, eso es. Mira, de hecho, hoy los jóvenes tienen pánico a encontrarse con la batería del *smartphone* descargada: eso significa estar *fuera* del mundo, estar excluido de las conexiones, de las «posibilidades» del banquete del consumo. Y cuando se está excluido, otro puede «robarte» la compra ideal. Cuanto más alto es el cargo, más altisonante el nombre en la tarjeta de visita, más cargada parece la batería, más llena. Pero quien vive a pleno ritmo en la sociedad de consumo tendrá siempre una autonomía «temporal». Todo lo que no se puede comprar, en cambio, tiene mucho más valor porque es íntimo, solo para nosotros, nadie nos lo puede robar con dinero. Lo que no se puede comprar, como el amor, el afecto, la amistad y la estima, hay que cultivarlo con cuidado, hay que mantenerlo con extrema atención y hay que entrenar el corazón para que no se marchite. Hay que regarlo con el corazón. El riesgo de estos bienes de Dios no es el robo o quedarse con la batería descargada: el verdadero riesgo es dejar que se marchiten por culpa de nuestra falta de cuidados.

Los medios de comunicación tratan prácticamente todos los días el tema de la amenaza nuclear, refiriéndose en concreto a los riesgos inherentes al régi-

men de Corea del Norte. Me lleva a pensar en Fromm, que hablaba del hombre moderno al servicio de la «diosa de la destrucción», es decir, al servicio de una creación propia que parecer ser, en el imaginario colectivo, fuente de vida autónoma y eterna. Ya no se cita la amenaza nuclear en función del hombre, sino como amenaza por sí misma: en los periódicos no se lee «el peligro del hombre que dispone de la bomba atómica», se lee «el peligro de la bomba atómica». Se supone, pues, que el mal ya ha sido creado y basta con esperar para saber a quién golpeará.

Para demostrar su tesis, Fromm dice tener dos pruebas convincentes: la primera es que las grandes potencias —y también algunas menores— siguen construyendo armamentos nucleares cada vez con mayor capacidad destructiva, sin conseguir abordar la única solución sensata, que es la destrucción de todos los instrumentos bélicos de ese tipo y de las centrales atómicas que proporcionan el material para las pruebas nucleares. Y la segunda es que prácticamente no se hace nada para eliminar el peligro de la catástrofe ecológica. En pocas palabras, no se toma ninguna medida concreta para garantizar la supervivencia de la especie humana.

Hiroshima sirvió para introducir un juego peligrosísimo para la especie humana: «el juego de jugar a ser dios». Se convirtió en el símbolo por excelencia del hombre capaz de hacerse temer como si se tratara de un dios malvado, capaz de destruir en pocos segundos —sin un ejército y sin multitudes hipnotizadas que lo acompañen— centenares de miles de vidas. Un «mal invisible» que de un momento a otro puede manifestarse sin el apoyo de batallones o declaraciones de guerra, un mal que se alimenta del «miedo líquido», el que puede presentarse en cualquier parte.

Nagasaki fue incluso peor que Hiroshima: ahora que la bomba había sido fabricada, no podía desperdiciarse; aunque entonces la guerra ya se estaba acabando y el objetivo que se quería alcanzar no se podía aniquilar a causa de la reducida visibilidad, fue lanzada igualmente, en una zona industrial, tan solo por «la obligación de jugar»; al fin y al cabo, ya la teníamos. El «síndrome de Nagasaki» es la indife-

rencia emotiva, pero también es la necesidad de hacer el mal.

Amenazar con esta arma cruel y abominable parece ser un juego, pero está acostumbrando al ser humano a infravalorar la prevención del mal, alimentando solo el miedo.

¿Qué piensa de la amenaza nuclear?

Creo que las armas nucleares deberían ser destruidas inmediatamente.

El teólogo Romano Guardini reflexionaba sobre dos formas de incultura.

Una primera incultura es la que nos ha dejado el Creador, con el objetivo de que la transformemos en cultura, confiándonos una gran responsabilidad: cuidar y hacer crecer la cultura como si fuera una cosecha. A esta incultura la llamaré *buena*, porque puede convertirse en cultura.

La segunda incultura, en cambio, es bien distinta: es el hombre que no respeta la relación con la tierra, con el Creador, con la persona humana, no la cuida. Llegar a la energía atómica no es de por sí negativo, pero usarla mal lleva a la incultura, destruye.

Quiero poner un ejemplo práctico: ¿es noticia la muerte por frío de un sin techo en la plaza Risorgimento? Me temo que no. En cambio, cuando ciertas acciones bancarias caen un punto, la noticia da la vuelta al mundo y todos empiezan a discutir sobre cómo encontrar una solución. Ahí lo tenemos, el hombre como creador de incultura y no de cultura; el hombre se convierte en creador de incultura porque no cuida el medioambiente ni a quienes forman parte de él, convirtiéndose, en cambio, en esclavo de sus propias creaciones. Una vez más: el hombre se convierte en creador de incultura si en la escala de valores los objetos del hombre ocupan el lugar del propio hombre. Piensa en el mito de Frankenstein: ¿quién era Frankenstein? Un ser —de repente vivo— que atentó contra la vida de quien lo creó. Otro mito que explica el concepto de incultura lo podemos encontrar en la historia de la construcción de la torre de Babel: era una torre magnífica, pero alguien quiso exagerar e intentó llevarla «a la altura» de Dios, y este fue el error más grande. Si pienso en la torre de Babel, recuerdo también cuánto esfuerzo costó: si caía un ladrillo de la torre, se podía producir una tragedia, y quien lo rompía era castigado sin piedad; pero si caía un obrero y se hacía mucho daño o moría, ¿sabes qué sucedía? Absolutamente nada. Haciendo un paralelismo con lo que sucede hoy, piensa en cómo las muchas muertes en el ámbito laboral provocan tan poco escándalo o, en todo caso, un escándalo «de duración determinada» —de uno, dos días, siendo generosos. Piensa, en cambio, en cuánta palabrería provoca, en cuánto nos peleamos para discutir la posible entrada en vigor de una ley que de algún modo esté destinada a disminuir la emisión de sustancias contaminantes en la atmósfera.

Hay que entender que corremos el riesgo de acabar en la incultura; la frontera es muy sutil, pero de ello depende el futuro del ser humano, sobre todo si hablamos de temas como la amenaza nuclear.

La característica principal de la cultura es «generar armonía», como la naturaleza. La incultura, en cambio, se asienta precisamente sobre la incapacidad de construir armonía.

El sociólogo Robert Castel señalaba: «Nosotros, al menos en los países que llamamos avanzados, vivimos, sin duda, en una de las sociedades más seguras que han existido nunca». Sin embargo, como nunca antes de ahora, sentimos el terror del miedo; es como si el exceso de seguridad nos transformara, como un bumerán, en el miedo a su contrario…

Es algo frecuente creer que adquirir poder es simplemente progreso; la cuestión es que el hombre moderno no ha sido educado en el adecuado empleo del poder porque, a todos los efectos, el inmenso crecimiento tecnológico no se ha desarrollado al mismo tiempo que la responsabilidad, los valores y la conciencia. El ser humano ha adquirido un poder tan grande que se ha convertido en un gran problema para sí mismo; pienso que la gestión de este poder es muy preocupante, sobre todo si está en manos de unos pocos y, en concreto, de personas que pueden decidir autónomamente qué hacer con él.

La situación de los jóvenes me parece realmente preocupante, porque nuestra sociedad —y en concreto la política— no solo se limita a observar por la mirilla lo que sucede, sino que maneja e instrumentaliza el dolor y la frustración de estas generaciones con fines exclusivamente electorales. Hoy los jóvenes son empujados a votar cada vez con mayor constancia hacia los extremos porque la política y muchos medios de comunicación hacen que se sientan en peligro desde el punto de vista cultural y territorial. Los jóvenes critican o detestan la tierra en la que han crecido porque no les da un futuro, pero son invitados diariamente a reivindicar su propia territorialidad y su propio nacionalismo, trasladando el objetivo de la mala política al odio hacia el inmigrante y, más en general, hacia el extranjero. Los han convencido de que abracen posiciones extremistas y la política ha trasladado, con éxito, el problema del «político» (que nos roba el futuro, 2010-2015) al «extranjero» (que nos roba la tierra y el futuro, 2015-2018). Ahora el momento parece propicio para que echen raíces tesis agresivas, que se vuelven populares, contra los emigrantes. Si se analiza con atención el fenómeno, pienso que sobre todo se observa en los jóvenes de las clases populares o de las periferias, que además son aquellos que se transforman en grandes números y deciden también las elecciones políticas; pues lo que muchos de los medios de comunicación olvidan es que no son los jóvenes aristócratas quienes deciden la suerte de un país, sino sobre todo los «rechazados», los hijos morales de nadie, que están aumentando desmesuradamente.

Es como si la política usara a los inmigrantes como «armas de distracción masiva».

En su opinión, ¿por qué cada vez más jóvenes son hoy en día propensos a ver en el extranjero el mal mayor?

Creo que este fenómeno forma parte de una propensión a la rigidez que muchos jóvenes arrastran. Pondré un ejemplo práctico: pienso en algunos jóvenes curas o estudiantes del seminario; he visto algunos que reaccionan ante las novedades y las diversidades lícitas no con sabiduría, sino con rigidez mental. En mi opinión, eso sucede porque se asustan y porque quieren obligarse a realizar una elección clara que les ayude en la construcción de su propia identidad, me refiero a una verdadera y única identidad, también en el interior de la Iglesia. Pero creo que son las diversidades y su desarrollo los que enriquecen profundamente y hacen que nuestra sociedad avance, en tanto en cuanto no hay nada más útil que el diálogo entre las diversidades. El diálogo es fecundidad: nos permite conocer realmente al ser humano, en profundidad. El propio diálogo entre los jóvenes y los ancianos es un diálogo en la continuidad, una continuidad histórica, y podemos decir que es también un diálogo con ciertas discontinuidades, es decir, con diversidades heterogéneas. La diversidad nos permite ahondar en el alma y en el corazón: no existe o el blanco o el negro; existen el blanco, el negro y el gris, y después existen también todos los matices del gris. Todos somos hijos del mismo Dios, debemos admitirlo y estar dispuestos a acoger a todos los jóvenes. La propia vida es gris, es un camino de búsqueda hacia el cual no podemos ser rígidos, sino, como sociedad, orgullosamente variopintos. Quien se lanza sobre los extremos y sobre la propensión a la rigidez es un miedoso, se esconde en la rigidez y lo hace como defensa.

Detrás y debajo de toda rigidez hay siempre un problema no resuelto y también, puede darse el caso, una enfermedad. Nos defiende de la rigidez una actitud humilde, abierta a los demás, la actitud de quien sabe escuchar. La humildad es un favor que nos hacemos a nosotros mismos. La rigidez es la reacción más fácil ante este flujo de la vida que nos lleva hacia delante.

Con los emigrantes sucede otro tanto. No nos preguntamos por qué este ser humano viene aquí, si huye de una guerra, si nosotros en su lugar hubiéramos hecho lo mismo: quien es rígido tiene una única idea en la cabeza: ¡es extranjero y tiene que volver a su casa!

¿Sabes qué pienso yo cuando veo a un inmigrante? En primer lugar, pienso en mi padre inmigrante. Y después me hago esta pregunta: ¿por qué ellos y no yo? Y me lo repito otra vez: ¿por qué ellos y no yo? Todos nosotros podríamos estar en su lugar: pongámonos siempre en el lugar del otro, aprendamos a ponernos en sus zapatos, a pensar cómo seríamos si ni siquiera tuviéramos el dinero para comprar esos zapatos.

Si Dios nos ha dado la posibilidad de vivir mejor, ¿por qué no se lo agradecemos e intentamos ponernos en el lugar de quien es menos afortunado que nosotros? Tenemos que sentirnos responsables del prójimo. Qué bonito sería si cada uno de nosotros empezara a preguntarse: «¿Qué puedo hacer yo para aliviar el dolor de los demás, ya sean compatriotas o extranjeros?». Y en cambio, lamentablemente, quien es rígido tiene solo una pregunta en la cabeza: «¿Qué puedo hacer para que se marche?». Sucede lo mismo con las ideas nuevas: el rígido es incluso incapaz de aceptar que puedan existir.

Si por un lado preocupa la cerrazón de los populistas hacia los inmigrantes, por otro lado resulta bonito advertir la generosidad de algunos pueblos hacia esa causa: por ejemplo, entre otros, Italia y Grecia. Es cierto que son también los Estados más cercanos geográficamente, pero lo que cuenta es que han acogido, han estado dispuestos a acoger, predispuestos al altruismo; esto es lo que queda realmente y lo que debe hacer que los ciudadanos de esos países se sientan orgullosos: le han mostrado al mundo el valor de la acogida.

Hay después otro problema, que es un verdadero drama; hablé de ello recientemente con dos jefes de Estado: Europa no tiene hijos. Estamos en pleno invierno demográfico y, a pesar de ello, algunos no quieren que vengan personas de otros países. ¿Queremos una Europa vacía? Solo Francia registra un número elevado de nuevos nacimientos, gracias sobre todo a las medidas de ayuda para las familias y las destinadas a animar los nacimientos, pero evidentemente es insuficiente para no tener una Europa vacía.

A veces, las parejas piensan con más urgencia en organizar las vacaciones que en dedicarse a construir una familia; ¿tienen acaso miedo de dejar el futuro en manos de herederos que atestigüen la grandeza de su amor?

No logro entender este miedo... Nosotros tenemos la responsabilidad de dar la vida; en tanto que ciudadanos, debemos poblar nuestra patria, pero si no queremos hacerlo nosotros, me dan ganas de decir, en broma: ¡entonces dejemos que lo hagan los demás!

En cualquier caso, es cierto que muchos jóvenes se alinean en posiciones rígidas, parapetados por el miedo, y esta es una tendencia de la que nos debemos ocupar.

Hace algún tiempo estaba en una conferencia dedicada a los riesgos relacionados con la ausencia de privacidad en internet. En concreto, un conferenciante estaba explicando a los más jóvenes, a todo un colegio de secundaria, que las fotos colgadas en las redes sociales —ya se trate de Facebook, Instagram, Snapchat u otras—, una vez online, *dejan de ser propiedad del autor y del sujeto retra-*

tado, y que se convierten a todos los efectos en propiedad de los gestores de las redes sociales, que pueden visionarlas tantas veces como quieran. En la primera fila se oyó de repente un gran murmullo y el conferenciante le preguntó el motivo al muchacho que parecía más revoltoso. Su respuesta fue realmente inesperada y, en cierto sentido, revolucionaria: «¿Realmente Facebook puede saber de nosotros? ¿Realmente mis fotos pueden ser vistas también por quien gestiona la página, que a lo mejor puede decidir dejárselas ver también a otros? Qué maravilla: pondré alguna foto más». Todos sus compañeros de escuela parecieron entusiasmados con tal afirmación. Lo que me quedó claro de inmediato —una vez más— fue la enorme ruptura entre los adultos, preocupados por ser espiados, y las jovencísimas generaciones, preocupadas por no ser espiadas suficientemente. Si esto se confirmase con el tiempo, la sociedad rechazada tendría una característica completamente nueva y tan importante como una piedra en la filogenia: la inutilidad de la privacidad y la necesidad de su contrario.

Uno de los mayores miedos de hoy es la invisibilidad, no poder ser vistos…

Lo que cuentas creo que es normal en nuestra cultura narcisista, no me asombra. La cultura narcisista ha ido aumentando gradualmente en la sociedad, hasta llegar a implicar directamente a los niños de las escuelas primarias y de secundaria. Y entiendo que esto puede incluso cambiar el propio cerebro de las personas; porque el cerebro cambia, se modifica. *Aparentar* se convierte, pues, en algo más importante que *ser* ya desde muy temprana edad.

Cuando usted era joven, ¿qué significaba tener miedo? ¿De qué tenía miedo?

De joven tenía un gran miedo: miedo a no ser querido.

Veo una cierta semejanza, aunque sea indirecta, entre el miedo a la invisibilidad y el miedo a no ser amado: si no soy visible, no puedo ser apreciado y, en consecuencia, no puedo sentirme amado... ¿No será que hoy necesitamos grandes números para sentirnos amados —nos hemos vuelto globales con nuestros problemas privados— y, en cambio, antes nos conformábamos con el amor de menos personas?

Tal vez el proceso es parecido, pero el miedo a ser invisibles es algo de lo que los jóvenes son difícilmente conscientes, es más un miedo inconsciente. Yo era muy consciente de mi miedo a no ser amado.

¿Cómo ha superado el miedo a no ser amado?

Creo que lo he superado buscando la autenticidad: me di cuenta de que no haría nunca nada que no fuera auténtico, ni siquiera para comprar el amor y la estima del prójimo. Yo también combatí contra la sociedad de la apariencia y sigo haciéndolo aceptándome como soy, pero también reflexionando sobre una imagen en la que aún hoy pienso a menudo. La sociedad de la apariencia se construye sobre la vanidad, y ¿cuál es el símbolo por excelencia de la vanidad? El pavo real. Piensa en el pavo real: cuando imaginamos este animal, todos lo vemos con la cola abierta desbordante de colores. Pero esa no es la realidad. ¿Quieres ver la realidad del pavo? Da una vuelta a su alrededor y míralo por detrás. La vanidad siempre tiene una doble cara. Y la autenticidad es el camino para salvarse porque te proporciona la estima de las personas, y si las personas te aprecian por lo que eres realmente, entonces verás como te sentirás amado. Ser amado es una de las consecuencias de la autenticidad.

En nuestra sociedad líquida, y entre los jóvenes desarraigados, la ansiedad y la depresión han aumentado considerablemente, pero la exigencia epicúrea de la invisibilidad («vive escondido») casi ha desaparecido. Sin embargo, la cura de estos dos males podría ser la invisibilidad. Precisamente es esta invisibilidad la que hoy se presenta como la peor «enfermedad» social moderna. Si no eres visible en la red, tendrás pocas oportunidades a la hora de escalar en la pirámide social y sentirás que no tienes poder adquisitivo en el ámbito sentimental. ¿Qué le diría a un joven que es víctima de la ansiedad, de la depresión, y que, sintiéndose invisible, no logra hallar una dignidad y un sentido para su existencia?

Todos tenemos una dignidad a los ojos de Dios y solo Él puede verla en lo más profundo, más allá de nuestros errores y más allá de cada uno de nuestros defectos. Dios no nos pregunta tan solo qué hemos hecho y dónde estábamos, nos pregunta también dónde estamos y qué seremos. Él quiere curar nuestras heridas, y aquí quiero hablarte de otro aspecto relacionado con la depresión y la ansiedad: Dios quiere que los jóvenes tengan una misión. La curación de la ansiedad y de la depresión pasa por tener una misión. Antes dije que los jóvenes son profetas, quizás los profetas más importantes del mundo. La misión de los jóvenes es ser profetas, y para ser profetas deben «ensuciarse los pies» por las calles, estar con otros jóvenes que necesitan darle un sentido a sus vidas y ayudarlos, convertirse en portadores de esperanza y discontinuidad respecto a los adultos. Si los jóvenes luchan diariamente para mejorar este mundo a partir de las pequeñas cosas, podrán salir del estado de casi absoluta dependencia de los adultos. Tendrán que reunirse, unirse, respetarse y tener un objetivo claro: la misión, precisamente. Ser misioneros, en el sentido más amplio de la palabra, permite observar el mundo con nuevos ojos, no como turistas de la vida, sino como protagonistas. El diablo busca la competición, la división: desearía que los jóvenes estuvieran divididos y perdidos en esta sociedad, deprimidos y ansiosos; el diablo quiere que cada joven esté solo contra todos. Por el contrario, el Señor quiere a los jóvenes unidos, los busca a todos y lo hace para darle a cada uno de ellos su mano. El Señor nos reprocha las debilidades que proceden de nuestra falta de esperanza, así que la esperanza es la base de cada día, nunca debemos caer en el abismo de la depresión y tenemos que recordar que a veces basta una pequeñísima luz para empezar de nuevo a esperar. Para ser más exactos, cuanto más oscuro está, más fácil es advertir una pequeña luz.

Pero cuando se habla de ansiedad y de depresión no deben confundirse con las sensaciones y los malestares, porque todo ser humano tiene dos inquietudes, una buena y una mala. La buena es la inquietud que nos da el Espíritu Santo y hace que el alma sienta la inquietud de hacer cosas buenas, de construir; mientras que la mala nace de una conciencia enferma, sucia, y desgasta a la persona que la lleva en la sangre. En una ocasión hablé del prurito continuo de quien vive con la inquietud mala… Es una imagen en la que estoy pensando también ahora.

¿Cómo se vuelve uno malvado? ¿Cuáles son las raíces del mal?

Yo hablo siempre de las tres raíces por excelencia del mal: codicia, vanidad y orgullo.

Desde muy jóvenes experimentamos la maldad. ¿Qué le impresiona del fenómeno bullying *y de sus apéndices* online, *que son el* cyberbullying *y el* trolling*?*

Me impresiona la necesidad del ser humano de ser agresivo. Es como si se tratara de una necesidad, ya que sucede entre los niños y entre los adultos.

En la Biblia encontramos la historia de los gemelos Esaú y Jacob: su madre notaba ya en su vientre que los dos gemelos luchaban para molestarse uno al otro, y durante toda su vida siempre se pelearon, se convirtieron en enemigos, después en amigos y de nuevo en enemigos. Cuando se habla de *bullying* pienso inmediatamente en esos dos hermanos de la Biblia, porque representan bien qué entiendo por la necesidad de ser agresivos: el que nació primero fue Esaú e, inmediatamente después, Jacob. La herencia y la bendición de Isaac le hubieran tocado, pues, por derecho a Esaú, atendiendo a la ley de la primogenitura. Pasan los años. Esaú es ahora un joven alto y fuerte como un roble; Jacob, en cambio, es flaco y dócil. Esaú es un hábil cazador, mientras que Jacob no lo es mucho. Un día Jacob está preparando un guiso de lentejas. Esaú llega del campo cansado y hambriento. Le dice a su hermano: «Déjame comer un poco de ese guiso, que estoy desfallecido». Jacob se aprovecha de la circunstancia. Estaba deseoso de poseer la primogenitura. Deseaba ardientemente recibir la bendición de Isaac. Entonces le dice a su hermano: «Te dejaré comer de este guiso si tú me cedes ahora mismo tu primogenitura». Esaú contesta: «De acuerdo, estoy muerto de hambre. ¿Y para qué me sirve la primogenitura?». Esaú le vende su propio derecho bajo juramento al hermano gemelo a cambio de un plato de lentejas. Este diálogo puede abrirnos las puertas al tema del *bullying*: el *bullying* es un invento de la violencia. Y también el de Jacob es un ejemplo de violencia.

Hablando de las guerras con un jefe de Estado, dije que vivíamos en una época caracterizada por una crueldad quizás jamás vista, pero su respuesta fue: «Santo padre, esta crueldad siempre ha existido, simplemente no se veía tanto».

El *bullying* ha entrado en una fase muy importante de su historia; puedo afirmar que hoy está aún más difundido que antes, aunque siempre existió. Y está más difundido no porque lo veamos en internet y se hable de él en los congresos, sino porque forma parte de la superficialidad de la cultura del rechazo que nos invade. También entre los niños se tiende ya a consumir, rechazar y tirar lo *consumido*, y a no sentir ningún remordimiento por hacerlo.

¿Ha sufrido bullying *alguna vez?*

Personalmente, no, pero he visto en algunos compañeros de colegio muy cercanos a mí qué significa sufrirlo. Aún hoy tengo contacto telefónico con un compañero mío de colegio que era uno de los que constantemente estaban en el punto de mira de los compañeros y era, por tanto, denigrado. Superó este problema, pero sufrió mucho por ello. Hay que mirar a los demás siempre con empatía y esperanza. Empatía y esperanza. Y basta incluso con un solo hombre bueno para que haya esperanza.

Hoy los jóvenes tienen muchas más oportunidades que sus coetáneos de décadas atrás —basta pensar en internet, que ha sentenciado definitivamente el predominio del tiempo sobre el espacio, o en la velocidad de los viajes—, pero salen de estas experiencias mucho más frustrados. Son fenómenos que alimentan el lema «si puedes hacerlo, debes hacerlo» y la privación relativa consecuente. Es como ver constantemente un banquete de manjares mientras se está atado a una silla a tres metros de distancia. Uno piensa: «veo lo que me estoy perdiendo y como está acabando en la boca de otros, pero mi destino es acostumbrarme a este tormento». Además, se puede saber prácticamente todo de los que están disfrutando en nuestro lugar —internet y las redes sociales contribuyen a ello—, y esto hace aún más insoportable la disonancia cognitiva.

Son, a todos los efectos, generaciones de frustrados, y la frustración produce, según la mayor parte de las investigaciones realizadas en psicología social, agresividad. Agresividad que hoy más que nunca se convierte en entretenimiento, dado que el mal ya no necesita ser justificado, sino que se vuelve cotidiano.

¿Qué piensa de todo esto?

Pienso que has descrito bien este proceso. Y que todo se relaciona una vez más con el *bullying* y la necesidad de ser agresivos de la que hablaba antes. Tomemos la historia de Caín y Abel: los celos empujaron a Caín a llevar a cabo la más extrema injusticia contra su hermano. Eso a su vez causó una ruptura en las relaciones entre Caín y Dios, y entre Caín y la tierra, de la que fue exiliado. Este pasaje se resume en la conversación entre Dios y Caín. Dios pregunta: «¿Dónde está Abel, tu hermano?». Caín dice que no lo sabe y

Dios insiste: «¿Qué has hecho? ¡La voz de la sangre de tu hermano me grita desde el suelo! Ahora sí, maldito, lejos de [este] suelo» (Génesis 4, 9-11). Y aquí quiero retomar un concepto muy importante: descuidar el compromiso de cultivar y mantener una relación correcta con el prójimo, hacia el cual tengo el deber del cuidado y de la custodia, destruye mi relación interior conmigo mismo, con los demás, con Dios y con la tierra. Cuando todas estas relaciones son descuidadas, cuando la justicia no vive ya en la tierra, la Biblia nos dice que toda vida está en peligro. Es lo que nos enseña la historia de Noé, cuando Dios amenaza con hacer desaparecer a la humanidad por su persistente incapacidad de vivir a la altura de las exigencias de la justicia y la paz: «Ha llegado para mí el final de todos los hombres, pues la tierra, por su culpa, está llena de violencia» (Génesis 6, 13). En esta historia ya encontramos una fuerte convicción, eternamente actual: todo está relacionado, todo está unido y en movimiento, el cuidado de nuestra vida y de nuestras relaciones con la naturaleza es inseparable de la fraternidad, la justicia y la fidelidad respecto a los demás.

Ha recordado la historia de Caín y Abel. ¿Quiere lanzar un mensaje a los jóvenes que están en la cárcel, quizás condenados a cadena perpetua?

No se puede castigar nunca sin esperanza: por eso estoy en contra tanto de la pena de muerte como de la cadena perpetua interpretada como un «para siempre». Hay Estados donde la pena de muerte es legal y la tortura habitual. Quisiera decirles algo a los jefes de Estado de todo el mundo e invitaros a todos a reflexionar, y a no dejar nunca de hacerlo: privar a un ser humano de la posibilidad, aunque sea mínima, de la esperanza, significa matarlo dos, tres, cuatro, cinco veces. Significa matarlo todas estas veces cada día de su vida. Esto es realmente muy triste, es una manera de enseñar a las personas, desde niños, que no existe la esperanza. Si acabas en brazos de la muerte, no hay esperanza; si te condenan a cadena perpetua, no hay esperanza. Y se trata de un gran error: en nuestra vida debe haber siempre esperanza y, por tanto, también en todo castigo.

¿Cómo encontrar la esperanza?

A los jóvenes cristianos les diría: buscando a Jesús, sabiendo que nos escucha, sabiendo que todo tiene un sentido a sus ojos. Pidámosle a Él la esperanza y hagámoslo con el rosario en la mano, como humildes servidores del bien. Algunas veces tengo la oportunidad de escuchar a jóvenes católicos que piensan que están demasiado ocupados para poder rezar y hablar con la Virgen y con Jesús; a ellos les digo que encuentren quince minutos para hablar con el corazón. Si se le habla a la Virgen con el corazón, siempre se es escuchado. Es un acto de amor que podéis hacer hacia vosotros mismos: la mirada fija, igual que la tenéis sobre el *smartphone*, la podéis tener algunos minutos sobre el rosario. O bien podéis descargar una aplicación con un rosario virtual y rezar así: a la

Virgen no le importa la forma, sino la esencia, eso no es un problema. A la Virgen le importan los corazones sinceros.

Pero quisiera insistir en el mensaje para el joven condenado a cadena perpetua: es fundamental que el detenido tenga la posibilidad de reinsertarse en la sociedad, aunque sea por poco tiempo, para poder así realizar tareas que sean útiles, para comprender que se equivocó y que pueda sentirse útil para la colectividad. Sentirse definitivamente inútil es un terrible mal que puede llevar a actos peores. En cambio, sentirse útil da esperanza. Voy a menudo a las cárceles, también a las de máxima seguridad, donde hay detenidos con decenas de homicidios a la espalda. Me han impresionado algunas instalaciones por la capacidad de los directores para transmitir esperanza. He visto a mujeres directoras muy valiosas, que se comportaban como si fueran las madres de los detenidos, que daban esperanza y aplaudían a los detenidos por cada paso adelante hacia la comprensión de sus errores y hacia la utilidad para el prójimo. He visto a mujeres directoras que saben gestionar, acaso mejor que los hombres, los conflictos; y creo que eso deriva de la propensión de las mujeres hacia la maternidad.

¿Qué les dice a los jóvenes presos cuando va a la cárcel?

En primer lugar, siempre experimento dolor al constatar que algunos presos probablemente no saldrán nunca de la cárcel. Mi primera sensación es seguramente el dolor. Cuando veo a un joven en la cárcel, sé que mi misión es darle esperanza, que mi utilidad es la misma que la de cualquier otra persona que lo visita y que desea que sea él mismo quien entienda en lo más profundo sus errores para poder transformar el daño que ha hecho en bien para el prójimo. No existe ser humano que no pueda hacerle bien al prójimo, todos somos potenciales constructores de bien. Cada ser humano *perdido* es un ser humano menos para hacer «la revolución del bien». Cada ser humano *desaprovechado* es una derrota para toda la humanidad. Por lo general, cuando voy a ver a los presos, hablo mucho, mejor dicho, les hago hablar a ellos; dejo que esto suceda con naturalidad, permitiendo que se expresen libremente.

¿La esperanza debe pasar obligatoriamente por la fe en Dios?

No necesariamente. Diría que puede ser una «esperanza agnóstica», una «esperanza humana». Como he dicho, basta un hombre bueno para tener esperanza. Dios ve, sin embargo, todo el bien que se hace y que se piensa. Si creas esperanza, el castigo de la cárcel no levanta un muro; los muros traen consigo un mal incurable: la ausencia de diálogo y la destrucción de la sociedad. Los muros se derriban con el diálogo y con el amor. Si estáis hablando y alguien levanta un muro, entonces habla más fuerte y el que está al otro lado del muro te oirá y podrá contestarte. Si haces el bien, no tengas miedo de gritar. Hacer el bien debe convertirse en una adicción, en una adicción de la que uno no se debe curar.

Pero también hay adicciones que hacen daño: pienso en los jóvenes que dependen de la droga y del alcohol. ¿Cuál es su mensaje para ellos? ¿Y qué es la droga hoy?

Creo que hoy estas adicciones son una manera de rechazar a la gente. Creo que son una crueldad social de los poderosos, usadas a veces conscientemente, y que el toxicómano no lo es solo a causa de su fragilidad. Creo que a nivel internacional se podría hacer mucho más para limitar la distribución de las drogas, pero la corrupción es demasiado invasiva para conseguir frenarla sin un cambio de cultura mundial. La mejor manera, diría que incluso la única, para actuar enseguida es la prevención en los más jóvenes antes de que se convierta en una dependencia.

Tu pregunta me hace pensar también en otra frase de Fromm: «El capitalismo moderno necesita hombres que cooperen en un gran número, que quieran consumir cada vez más, y cuyos gustos sean estandarizados y puedan predecirse y modificarse fácilmente. Necesita hombres que se sientan libres e independientes; que no se sometan a ninguna autoridad —y que, sin embargo, estén deseosos de ser liderados, de hacer lo que se espera de ellos, de adaptarse a la moderna maquinaria sin dificultad—; que puedan ser guiados sin recurrir a la fuerza, guiados sin líderes, incitados sin finalidad —excepto la de rendir, estar en la brecha, funcionar, seguir adelante».

Hoy el mundo quiere al joven resignado y a los jóvenes todos iguales: jóvenes que imiten a otros jóvenes para construirse una identidad. Quien no puede seguir el ritmo de este engranaje a veces tiene la tentación de recurrir a algo artificial. Hablábamos antes de la cirugía plástica, que de alguna manera tiene que ver con esto. También la droga, aunque no pueda compararse, se inserta en este contexto: es la respuesta del débil a su no saber y no poder conformarse. No puede conformarse; querría, pero sabe que no es capaz o que ni siquiera en ese caso sería aceptado. Entonces pasa a la fase de la «cirugía plástica en el cerebro»: construye un pensamiento que sabe que no es suyo, pero que es el único que piensa que puede permitirle sobrevivir. Se confía a lo «temporal eterno», que sabe que para él es el fin, pero lo hace de todos modos; se conforma con unos minutos fuera de sí mismo aun sabiendo que le saldrán muy caros. Cuando cito la palabra *conformismo*, pienso en lo grave que es el riesgo de homologar el pensamiento. Pienso en que es mucho más peligroso homologar el pensamiento que intentar revolucionarlo. Aquí quisiera hacer una distinción muy clara entre lo que llamo *pensamiento único*, que es un pensamiento «débil», y el pensamiento «fuerte».

El pensamiento único es hijo de una situación sociocultural concreta: es el que lamentablemente parece dominar el mundo y legitima también la presencia de «condenas a muerte» y de auténticos «sacrificios humanos». El pensamiento único nace de una «globalización esférica» según la cual todos deberíamos ser iguales y deberíamos, pues, conformarnos. Pero quien quiere esto olvida que no se puede hablar de globalización sin respetar toda identidad; la verdadera globalización es poliédrica, no esférica.

Forman parte del pensamiento único las teorías que la sociedad del rechazo, orgullosa de su cultura del rechazo, quiere imponer a diario. Hay una novela profética, escrita en 1907 por Robert Hugh Benson, que se titula *Señor del mundo* y describe bien el mecanismo de la cultura invasora que elimina la posibilidad de pensar con autonomía. Creo que la nuestra es, efectivamente, una época de pensamiento único y que es realmente importante y urgente romper este pensamiento gracias a la imaginación creativa. Los sueños de los ancianos son un ejemplo muy contundente de deseos que rompen el pensamiento único; si se suman a la valentía de los jóvenes, a su profecía, pueden frustrar realmente la homologación del pensamiento.

El pensamiento único es débil porque no es genuino, no es personal; es impuesto y, así pues, probablemente nadie lo siente como propio: todos tienden a vivirlo, pero sin pensarlo. En cambio, el pensamiento fuerte es el creativo, y a este debemos aspirar siempre. Homologar el pensamiento significa vivir dentro de una «burbuja», alcanzar un autismo del intelecto, del sentimiento. Y cuántos males pueden nacer de estas graves enfermedades del ser humano...

En su opinión, ¿qué es más común: que la sociedad rechace al toxicómano o que el rechazo conduzca a desarrollar dependencias como la de las drogas?

Creo que sentirse rechazado por la sociedad lleva a desarrollar adicciones. Aunque no siempre es así: a veces, incluso el exceso de dinero lleva a la búsqueda de nuevas experiencias y a adicciones, entre ellas la droga. El que se droga huye siempre, se construye un mundo para huir. Busca y acepta un mundo falso, de ilusiones, un mundo ajeno a la concreción.

¿Por qué el ser humano teme tanto la muerte?

La muerte es interpretada por los seres humanos como una amenaza, un desafío.

Cuando era niño, los médicos me diagnosticaron los quistes en el pulmón y experimenté por primera vez el miedo a morir. Era una angustia, algo misterioso, el choque con el final; y, sin embargo, era tan joven. La juventud y la muerte son dos imágenes racionalmente muy lejanas, y en cambio yo las experimenté, y esta experiencia me desorientó mucho. Miré a mi madre, la abracé con fuerza y le dije: «Mamá, ¿qué me está pasando? ¿Me moriré?». Fue una época muy difícil, mucho.

Tener miedo de la muerte significa tener miedo de la aniquilación total: tan solo quien tiene fe en el más allá es capaz de tener confianza. Cuando hablo de la muerte con ateos, o con quienes se consideran como tales, excavando un poco más a fondo en su ateísmo descubro que en muchos de ellos es recurrente que se refieran al más allá, a una energía; algunos la llaman así, que es algo en lo que coincidimos todos.

Recuerdo a un señor que fue muy importante para mí por algunas afirmaciones suyas. Cobraba las facturas de la luz y del gas; lo hacía puerta a puerta, uno de esos trabajos que ya no existen. Un día, hablando de la muerte, me dijo: «Yo no tengo miedo de cuando llegue la muerte, mi miedo es verla cuando esté llegando…».

También por esto quiero insistir en que sin sentido del humor es muy difícil ser feliz; tenemos que ser capaces de no tomarnos demasiado en serio.

Los casos de suicidio, sobre todo en estos tiempos de crisis, están a la orden del día. Si usted tuviese la oportunidad de hablar con una persona que está a punto de realizar ese acto extremo, ¿qué le diría?

La miraría a los ojos y dejaría que hablara el corazón, el mío y el suyo… Sobre este tema quiero decir que el suicida es una víctima. De sí mismo, acaso de sus pecados, o de una enfermedad mental, de la condición social o de otros aspectos contingentes y condicionantes. El hipócrita, en cambio, es más un verdugo: este sí que se suicida cada día; suicida su moral y su propia dignidad, vive de las apariencias. Estos son los grandes suicidas que hay que condenar…

Pienso en los jóvenes explotados que llegan de diversos países, pero también en las jóvenes prostitutas que llegan de África, de Europa del Este, de Sudamérica y también de otros países europeos. Son literalmente usadas como esclavas sexuales, y de la manera más despiadada. A menudo leemos que son traídas desde su país natal engañadas, bajo la promesa de un futuro mejor; son encerradas, secuestradas, drogadas, condenadas a las aceras para ganarse la vida. ¿Qué pueden hacer los jóvenes puros y ajenos a la corrupción por estas mujeres jóvenes?

Pues no acercarse para aprovecharse de ellas, sino para hablar con ellas. Acercarse a ellas y, en lugar de preguntar «¿cuánto cobras?», preguntar «¿cuánto sufres?». Forma parte de la misión de los jóvenes bajar a la calle y, como decía antes, «ensuciarse los pies». A menudo no nos damos cuenta de cuánta importancia tienen los pequeños gestos; aquellos que nos pueden parecer gestos mínimos, pequeños, en realidad, a los ojos de Dios y de los necesitados, son gigantescos. Los jóvenes no deben cansarse de abrir vías de diálogo con quien vive en las calles y con quien los necesita; cada joven debe hacerlo a su manera, sin seguir una praxis escrita, burocrática. No existen praxis universales para actuar bien, sino que existen muchas interpretaciones personales y eficaces de los testimonios del bien.

Usted habla muy a menudo de misericordia…

Es uno de los temas de los que me gusta hablar, porque probablemente es el mensaje más poderoso del Señor. El Señor es un Padre «rico en misericordia» (Efesios 2, 4). Quisiera decir que los jóvenes tienen un Padre que vuelve siempre sobre ellos la mirada benévola y misericordiosa, un Padre que no entra en competición con ellos, un Padre que los acoge siempre con los brazos abiertos. Y esta es una certeza que, si se convierte en tal, infunde en cada ser humano esperanza y consolación, y combate con mucha eficacia la depresión.

La parábola del hijo pródigo (Lucas 15, 11-24) es sobradamente conocida, pero siempre resulta útil releerla:

> [El Señor Jesús] dijo: «Un hombre tenía dos hijos. El más joven le dijo a su padre: "Padre, dame la parte de los bienes que me corresponde". Y el padre dividió entre ellos los bienes. Pocos días después, el hijo más joven recogió sus cosas y se marchó a un pueblo lejano y allí dilapidó su fortuna viviendo disolutamente. Pero cuando lo había gastado todo, en ese país sobrevino una grave carestía y comenzó a sufrir necesidad. Se puso entonces a trabajar al servicio de uno de los habitantes del pueblo, que lo envió al campo para apacentar a los cerdos. Él ansiaba llenar su estómago con las algarrobas que comían los cerdos, pero na-

die se las ofrecía. Entonces, entrando en razón, se dijo: "¡Los asalariados de mi padre tienen pan en abundancia y yo, en cambio, me muero de hambre! Me levantaré e iré a casa de mi padre, y le diré: Padre, he pecado contra el cielo y contra ti, ya no soy digno de ser llamado hijo tuyo; trátame como uno de tus asalariados". Y así pues, se levantó y fue a casa de su padre. Pero mientras estaba aún lejos, su padre lo vio y sintió compasión; corrió, se lanzó a sus brazos y lo besó. Y el hijo le dijo: "Padre, he pecado contra el cielo y contra ti, ya no soy digno de ser llamado hijo tuyo". Pero el padre les dijo a sus criados: "Traed aquí las ropas más hermosas y vestidlo, ponedle un anillo en el dedo y sandalias en los pies. Sacad el ternero que hemos engordado y matadlo; comamos y alegrémonos, pues mi hijo estaba muerto y ha vuelto a la vida, estaba perdido y ha sido hallado". Y celebraron una gran fiesta».

Lo único que nos puede separar momentáneamente de Dios es nuestro pecado. Así pues, una vez más, solo nosotros podemos decidir separarnos de Dios, Él no decide nunca separarse de nosotros. Pero si reconocemos nuestro pecado y lo confesamos con arrepentimiento sincero, ese pecado se convierte en un lugar de encuentro con Él: porque Él es misericordia y nos espera precisamente allí.

III

Enseñar y aprender

Cuando mira a los niños, ¿alguna vez teme usted por su futuro?

En los niños veo el futuro, la prosperidad. A veces me basta con mirarlos para conmoverme. Intento que no me condicionen pensamientos que van más allá de la imagen que tengo delante: la alegría que un niño nos transmite con su sonrisa puede ser una cura también para los adultos. Cuando veo a un niño, veo la ternura; y donde hay ternura no puede entrar la destrucción.

Me gusta contar una experiencia mía reciente, que tuvo lugar durante las audiencias de los miércoles: frente a mí tenía a un niño maravilloso y feliz, que sonreía. Lo sostenía en brazos un hombre joven, que lo contemplaba mientras le daba a beber la leche de un biberón. Junto a ellos estaba la madre del bebé, paralítica, sentada en una silla de ruedas. Me acerqué y, en esta escena, enseguida advertí la alegría que desprendían todos ellos: el padre me miró sonriente y yo le agradecí que me conmoviera con una imagen tan feliz como esa. Lo felicité, pero en seguida ese joven me dijo que todo el mérito era de su mujer, no suyo: «Lo hace todo ella». Saludé inmediatamente también a la mujer, que me miró con una sonrisa maravillosa, exclamando: «Bendígame, porque está a punto de llegar otro...», y señaló la barriga, que empezaba a notarse. Esta es la escena de la fecundidad, el amor que va más allá de cualquier obstáculo, que nos hace entender lo grande que es Dios, cómo de poderosa y maravillosa es la esperanza que nos da. Tenemos que lograr percibirla, y acogerla y transformarla en la alegría de vivir. Es un ejercicio que podemos hacer cada día.

Si hablamos de las características que no deben faltarle nunca a un padre, para mí son estas: la ternura, la predisposición a la escucha, tomar siempre a los hijos en serio y, sobre todo, tener las ganas y la capacidad de «acompañarlos». Este es un verbo muy importante: los hijos tienen su vida y los padres pueden acompañarlos en sus elecciones, pero no sustituirlos. Acompañar a los hijos en sus elecciones es una gran oportunidad para los padres, no una limitación.

La sonrisa del niño, esa sonrisa abierta, que confía en los padres, es algo que me hace mucho bien, que puede hacernos bien a todos. Y encuentro muchas semejanzas entre esa sonrisa y la de los ancianos. Ambos se abren a la vida, desde lados opuestos, desde el comienzo y desde el final: y esa es una actitud que los une.

Hablemos de los métodos para transmitir el conocimiento: ¿cuáles son los más eficaces y, por el contrario, cuáles pueden ser peligrosos?

Esta pregunta me hace pensar en la gran diferencia que hay entre el verdadero mito —que es un modo contemplativo que ayuda a abrirse al misterio de la realidad— y la construcción de historias que son justificaciones de una realidad que quiere imponerse. El mito es una manera de conocer la verdad —en la Biblia, por ejemplo, se usan algunos «mitos» que llevan a la verdad— y es en sí mismo seguro; en cambio, el relato, el cuento, y aquí me refiero a este como forma de conocimiento, se construye para hacer pasar por cierta una verdad que probablemente no es tal. El relato es siempre una justificación. Imagina a un líder social que ha conseguido hacerse con el poder, quizás de una forma ilícita. ¿Qué hace? Se construye un «relato épico», recurre a una narración *ad personam* para limpiarse la conciencia. Con el relato se maquilla la vida. Si nos fijamos bien, hablar a base de relatos es una característica de esta sociedad líquida.

Esta consideración suya me lleva a pensar en lo mucho que han cambiado también las fábulas para ni-

ños: hoy se imponen más las historias de la vida real que las célebres fábulas de Esopo —las simbólicas por excelencia— con las que creció también mi generación. ¿Existe algún mito que todos los jóvenes deberían leer?

Seguramente, el mito de Narciso, pero también el de Ícaro. Son los primeros que me vienen a la cabeza: debemos ser audaces, sobre todo si somos jóvenes, pero debemos ser, al menos, igual de prudentes. Ícaro razonaba por momentos, no tenía en consideración el tiempo, y este también es el mensaje de este mito. Como ves, todo mito precisa una interpretación, ahonda en la experiencia humana e intenta ayudar a construir analogías. Estimula la imaginación y permite también el diálogo: se puede interpretar durante años y años, pues sobre los mitos no se discute, se dialoga. Los mitos no dependen solo de la historia, y ni siquiera tan solo de la imaginación; tienen algo fuertemente conectado con la vida del hombre, con la experiencia, con lo que nos han dictado nuestros antepasados, algo que no envejece nunca, como el tiempo. El mito no envejece porque está esencialmente ligado a la naturaleza humana: puede ser interpretado incluso décadas después, siglos después y milenios después; también por eso pienso que debe devolverse al centro de la transmisión del conocimiento.

¿Cuáles son las características de un buen educador? Me refiero tanto a un buen profesor como a un buen padre...

Un buen educador se hace a sí mismo cada día esta pregunta: «¿Tengo hoy el corazón lo suficientemente abierto para que entre en él la sorpresa?». Educar no significa solo explicar teorías, sino que significa sobre todo dialogar, hacer que triunfe el pensamiento dialógico. Un buen educador quiere aprender cada día algo de los niños, de sus hijos. No existen educaciones unidireccionales, sino solo educaciones bidireccionales. Yo te enseño a ti, pero mientras lo hago tú me estás enseñando a mí algo, quizás algo aún más útil que lo que yo te enseño. Si yo como educador te estoy enseñando teorías, tú, que me escuchas, me estás enseñando cómo las llevas a la práctica y cómo las interpretas individualmente, cómo las trasladas al mundo, combinándolas con tu personalidad y tus experiencias anteriores. Todos tenemos algo que enseñar, pero también mucho que aprender: no lo olvidemos nunca, a cualquier edad, en cualquier etapa de la vida.

Y, sin embargo, la cultura de hoy favorece la fugacidad...

Preguntémonos qué es realmente la fugacidad: es el predominio del *momento* sobre el *tiempo*. El tiempo avanza, pero el momento está encerrado en sí mismo, está quieto. Me gusta hacer una distinción entre la fugacidad, que gira en torno al concepto de momento, y lo definitivo, que en cambio es lo que entiendo por tiempo y es lo que no se detiene nunca. El momento se parece más al espacio que al tiempo. Pensemos en el espacio:

es sólido, tiene un principio bien delineado, es visible y se sabe dónde acaba. ¿Cuántas veces mirando un espacio concreto buscamos el final? El momento hace otro tanto, «se quema» a sí mismo en su voracidad, finita y definida. Muy distinto, en cambio, es pensar en el tiempo como vida, como desarrollo, como apertura a las experiencias de la existencia. El momento no presupone nunca un desarrollo, el tiempo, sí. La fugacidad tiene un carácter provisional porque está encerrada en sí misma, es esclava de los momentos, y es una tendencia actual aferrarse a lo provisional, a los momentos, aceptarlos como «eternidad caduca». El tiempo va siempre hacia delante, hacia lo definitivo.

Debemos evitar también otro error de interpretación: el peligro de vivir en el momento como si se viviera en el tiempo. Recuerdo a un joven brillante que hace muchos años de pronto decidió que quería hacerse cura..., ¡pero solo durante diez años! No se veía capaz de arriesgarse más: esta es la cultura del momento. Y también cuando una persona piensa con frases del tipo «quiero esto para toda la vida», en muchos casos piensa en el momento, creyendo en cambio que está en el tiempo; la inmadurez puede llevar a confundir frecuentemente estos dos aspectos.

¿Cuál es la frase que un buen educador o un buen padre no debe pronunciar jamás?

En referencia a la educación, probablemente esta es la peor, ya la pronuncie un maestro de enseñanza primaria, secundaria, superior o universitaria o cualquier padre: «Niño, ¿qué quieres saber? Estudia y después ya hablaremos».

¿Qué es para usted el perdón?

Me acuerdo ahora de cuando, siendo niño, tuve una gran pelea con una tía mía a la que quería mucho. Durante aquella discusión le dije cosas muy feas, cosas que realmente no pensaba; quería herirla. En los días siguientes sentí que, si no le pedía perdón con humildad, saldría perdiendo yo en el plano personal: destruiría mi dignidad, no sería auténtico. Escogí ser auténtico y, tras pedirle perdón, mi tía me quiso aún más desde ese día. Tenemos que aprender a ver el perdón también como un acto de sano egoísmo, no solo de altruismo, pues a menudo se desea más ser auténtico para uno mismo que para los demás. Debemos enseñar a los niños a jugar limpio.

Menciona a menudo la parábola del buen samaritano: ¿hoy nuestra buena acción, como la del buen samaritano, nace más por amor al prójimo o por la ambición de ser apreciados?

Probablemente, cuando menos al principio, nadie hace las cosas solo porque tiene buena intención —técnicamente se dice «con rectitud de intención»—; pero yo digo que no es tan importante saber hasta qué punto, al comienzo de un proceso, el bien nace del sano egoísmo o bien del altruismo puro, sino que lo que cuenta es hacer el bien y producir el bien. Hacer el bien es bueno. Y la rectitud de intención crece, se purifica continuamente.

Quisiera hablarle de la tendencia que tienen los niños a «rechazar» a los padres percibiéndose como independientes muy pronto y del aumento de la necesidad precoz de una esfera privada respecto a la propia familia, pero al mismo tiempo con la paradoja de abrirse al mundo, con la aniquilación de la privacidad que ello implica.

Los padres conocerán a los hijos más a través de su ser online *que de su ser* offline, *a la vez que los amigos de estos y de sus compañeros de clase. Por primera vez en la historia de la humanidad, los niños serán los maestros de muchos padres. Este es un fenómeno al cual en parte ya estamos asistiendo. ¿Sabe más Google o sabe más mi padre? Basta con hacerle una misma pregunta a Google y a los padres y el niño se dará cuenta en unos pocos clics de cuanto más claro y satisfactorio es escuchar a Google, que se convertirá así en un amigo inseparable, y sobre todo digno de confianza y silencioso en tanto que ninguno de los amigos del niño sabrá nunca cuánto ha influido el consejo de Google en su saber.*

Por el contrario, preguntar a un padre presupone también un juicio implícito sobre la preparación del hijo en ese asunto concreto. Y puede tener consecuencias, cuando menos psicológicas, en el niño y en la relación padre-hijo.

El verdadero problema de todas estas características es que, si las sumamos, vemos como se crea un vertiginoso salto entre quien tiene el poder y quien, en cambio, lo tendrá mañana. En consecuencia, si continúa la crisis en que vivimos hoy —y nada parece indicar un cambio de ruta—, las generaciones futuras tendrán muchas más capacidades —un ejemplo es la inteligencia hipertextual— y muchas menos posibilidades. Más capacidad y menos trabajo. El riesgo consiste en que cuando las generaciones rechazadas sean cinco o seis, y estas, inevitablemente, tengan el poder en sus manos, serán cada vez más propensas a dar menos peso a la democracia en tanto que traiciona sus ideales, abrazando nuevas formas de gobierno, como, por ejemplo, el autoritarismo.

¿Estamos aún a tiempo de detener un proceso de este tipo?

Este período histórico es crucial para evitar esto de lo que hablas, que ciertamente sería el mal peor. Y es hoy cuando con urgencia hay que levantar la bandera del diálogo, y del diálogo constructivo, entre jóvenes y ancianos. Nuestros chicos quieren sentirse protagonistas e intentan serlo. Los adultos no permiten que ocupen el lugar que por naturaleza les correspondería, y, así pues, es la complicidad con los ancianos la que puede permitir que los jóvenes se liberen. A los jóvenes no les gusta nada sentirse mandados u obedecer «órdenes» que vienen del mundo adulto, de manera que al anciano le corresponde también la responsabilidad de hablar de la manera adecuada. Los jóvenes buscan esa autonomía cómplice que les hace pensar que se «gobiernan solos». En esto podemos encontrar buenas oportunidades, especialmente para las escuelas, las parroquias y los movimientos eclesiásticos. Es obligación de todos nosotros impulsar actividades que pongan a los jóvenes a prueba, que les hagan sentirse protagonistas. Los riesgos que has enunciado dan mucho miedo, pero precisamente por eso hay que reaccionar enseguida, con una auténtica revolución cultural del diálogo.

El contexto de consumismo en el que vivimos es muy fuerte; es un impulso para «consumir consumo». Por ello urge recuperar un principio espiritual importante y devaluado: la austeridad. Hemos entrado en una vorágine de consumo y nos inducen a creer que valemos por lo que somos capaces de producir y de consumir, por cuánto somos capaces de tener. Educar en la austeridad es en realidad una riqueza incomparable. Despierta el ingenio y la creatividad, genera posibilidades para la imaginación y, especialmente, abre al trabajo en equipo, a la solidaridad. Abre a los demás. Por el contrario, existe una especie de «glotonería espiritual». En lugar de comer, los glotones devoran todo cuanto les rodea y se atragantan. Creo que nos sentará bien educarnos mejor, como familia, como comunidad, y dar espacio a la austeridad como camino para encontrarse, tender puentes, abrir espacios, crecer con los demás y para los demás.

En la exhortación apostólica *Amoris laetitia* decía: «La historia de una familia está atravesada por crisis de todo tipo, que son también parte de su dramática belleza. Hay que ayudar a descubrir que una crisis superada no lleva a una relación menos intensa, sino a mejorar, asentar y madurar el vino de la unión. No vivimos juntos para ser cada vez menos felices, sino para aprender a ser felices de una manera nueva, a partir de las posibilidades abiertas por una nueva etapa» (232). Me parece importante vivir la educación de los hijos desde esta perspectiva, como una llamada que el Señor nos hace, como familia, y hacer de cada etapa una etapa de crecimiento, para aprender a saborear mejor la vida que Él nos regala.

¿Cuándo nos podemos sentir realmente libres?

Se es libre solo si se está en armonía con uno mismo.

La libertad, y por tanto la armonía, no se pueden construir en un laboratorio: forman parte de un recorrido humano de introspección, de camino. Puede ser escarpado y fatigoso, pero si se recorre con sinceridad y pureza, la meta es la armonía.

A menudo, los jóvenes se sienten traicionados también por la universidad. Una licenciatura parece hoy, en muchos casos, una licencia para parados profesionales. El saber parece separarse cada vez más del beneficio, de la realización económica. Pero el saber y la curiosidad intelectual siguen siendo fundamentales, y aún más en la sociedad líquida. ¿Cómo alimentar en los jóvenes traicionados el deseo de saber?

La verdadera cultura tiene tres lenguajes. El de la cabeza, que es el que usan hoy algunas universidades —quizás para formar parados profesionales, como tú dices—; después está el lenguaje del corazón, y finalmente, el lenguaje de las manos, el del hacer. Es muy urgente que la educación, y quienes se dedican a la educación, logren poner en juego y armonizar estos tres lenguajes. «Aprende lo que sientes y haz»; «Siente lo que piensas y haz»; «Haz lo que piensas y sientes».

Todo debe estar relacionado, estar integrado, ser sistemático y móvil, flexible. No puede seguir siendo estático como antes. Tenemos que ser más honestos con los estudiantes. Hoy no se puede trabajar con un joven sin ayudarlo a sentir y sin ayudarlo a hacer. Debemos, como decía, estar en movimiento, siempre. «Estudiar» debe ya contener el «pensar» junto al «hacer» y al «sentir».

Muchas veces exigimos de los estudiantes una excesiva formación en algunos campos que consideramos importantes. Les pedimos que aprendan una gran cantidad de cosas para que rindan «al máximo». Pero no damos la misma importancia a que conozcan su tierra, a que amen sus raíces y, sobre todo, a que «hagan».

Los jóvenes estudiantes buscan de distintas maneras el «vértigo» que les haga sentirse vivos. ¡Así pues, proporcionémoselo! Estimulemos todo aquello que les ayuda realmente a transformar sus sueños en proyectos. Esforcémonos para que puedan descubrir que todo el potencial que tienen es un puente, un paso hacia una vocación, en el sentido más amplio y hermoso de la palabra. Propongámosles metas ambiciosas, grandes desafíos, y ayudémosles a realizarlas, a alcanzarlas. No los dejemos solos y desafiémosles más de cuanto ellos mismos nos desafían.

¡Ayudemos a los jóvenes a crecer sanamente anticonformistas! No dejemos que reciban el «vértigo» de quien no hace más que poner en riesgo su vida: ¡proporcionémoselo nosotros! Evidentemente, esto requiere encontrar educadores capaces de comprometerse en el crecimiento de los chicos. Para educar a los adolescentes de hoy no podemos seguir utilizando un modelo de instrucción meramente escolástico, solo a base de ideas.

Debemos seguir el ritmo de su crecimiento. Es importante ayudarlos a adquirir autoestima, a creer que realmente pueden alcanzar lo que se propongan.

Si queremos que nuestros hijos estén formados y preparados para el mañana, no lo conseguirán únicamente aprendiendo una materia escolar. Es necesario que se *conecten*, que conozcan sus raíces. Solo así podrán volar alto, de otro modo serán atrapados por las «visiones» de otros.

Si hablamos de transmisión de conocimiento, en nuestra posmodernidad es casi inevitable hablar también de posverdad y de fake news. *¿Qué idea se ha formado al respecto?*

En uno de nuestros encuentros tuve ocasión de reflexionar sobre cómo las redes sociales son hoy, a todos los efectos, auténticos diccionarios de sociología. Es increíble que en la época de la posverdad sea tan fácil tomar una noticia falsa por verdadera, pero sobre todo, y este es probablemente el aspecto más interesante, cómo, incluso cuando se dice que la noticia es «falsa» a todos los efectos y para todos los usuarios, la conversación sobre ese «hecho» sigue siendo la misma; como si solo por el hecho de haber sido creada, aunque sea de una manera falsa, esa información tuviera todo el derecho a provocar aún una reacción en la gente. A mucha gente no le importa si la noticia es verdadera o falsa, cuenta que haya sido creada por alguien, cuenta la emoción que ha suscitado en el usuario concreto, esto es más que suficiente para mantenerla «viva», en la ola de un flujo constante de opiniones distintas.

Analizando muchos casos de posverdad y de *fake news* relacionadas con los emigrantes, por ejemplo, he constatado algo: la brecha entre la clase media, que cada vez se convierte más en media-baja, y la alta —me refiero a la categoría de políticos, directivos, emprendedores ricos y los llamados *vips*— se ha ampliado notablemente; en consecuencia, si se forma parte de la primera categoría, una manera de mantener lo más intacto posible el propio sistema del yo parece ser asegurarse no tanto de acercarse a los que están «encima», sino tener todavía a alguien «debajo».

Este es un cambio de perspectiva muy significativo de esta época.

El miedo de ver qué derechos pueden ser de algún modo garantizados a quien es más pobre provoca, en cambio, la misma frustración que, por sentido práctico, se habría tenido que dirigir hacia quien ha causado esta expansión de la brecha.

Esta frustración no tiene la fuerza de combatir por una causa que parece perdida de antemano, por una brecha que se vuelve insalvable, y, en consecuencia, como mecanismo de defensa —Freud podría venir en nuestra ayuda con diversas teorías suyas—, manifiesta su pulsión en el odio hacia el emigrante.

Si le digo la palabra grupo, *¿qué le viene a la cabeza?*

Hoy la palabra *enjambre* podría, en algunos casos, sustituir la palabra *grupo*.

Las personas difícilmente forman grupos cohesionados y espontáneos, jerárquicos y con líderes auténticos; esto sucede cada vez menos. En cambio, lo que se ve cada vez más es la reunión de personas de forma intermitente, que se unen y se dispersan en poco tiempo, sin compartir nada, pero acompañándose, empujadas por causas que son efímeras y por objetivos que cambian continuamente. Y aquí coincido con el sociólogo Zygmunt Bauman cuando escribe: «El poder de seducción de objetivos cambiantes generalmente es suficiente para coordinar sus movimientos, convirtiendo en superfluo cualquier orden que venga de arriba».

Esto es muy compatible con el estilo de internet, que tiende a lo «gaseoso».

¿Y acaso la moda no produce constantes «enjambres», como los de los insectos?

También la cirugía plástica, de la que hemos hablado, produce «enjambres».

Se trata de «no lugares» en los cuales cada uno de nosotros puede dispersarse, irse, volver, donde cada uno persigue un propio interés individual que solo en una pequeña parte coincide con el de los demás, donde no hay jerarquía y donde no se comparte, sino que solo se produce un fugaz acompañamiento.

¿Ser ambiciosos es un defecto o bien una virtud?

Seguro que la falta total de ambición es un defecto.

Lo importante es que la ambición no se convierta en una manera de pisotear a los demás para poder avanzar y proseguir la escalada. Los trepas son unos pésimos individuos porque tienden a producir —con gran facilidad— incultura, una cultura mala.

En cambio, yo apoyo una ambición bien unida al respeto por el prójimo, y sobre todo por los más débiles. Quisiera ver a jóvenes ambiciosos, valientes, anticonformistas y revolucionarios con ternura.

¿Qué nos espera, a este respecto, del sínodo sobre los jóvenes?

Espero que sean ellos los protagonistas. El sínodo es de los obispos, pero debe estar al servicio de todos los jóvenes, creyentes y no creyentes. No hace falta hacer diferencias que lleven a una interrupción del diálogo: cuando digo todos, me refiero a todos. ¿Eres joven? Puedes hablar, estamos aquí para escucharte. Antes del sínodo existe la posibilidad de que haya también una asamblea de los jóvenes, donde estos deberán debatir entre ellos sobre diversos temas y después comunicar a los obispos sus resultados: creo que este es el espíritu adecuado para estimular el diálogo y la confrontación positiva.

Le he oído hablar a menudo del concepto de labor. ¿Qué significa para un joven redescubrir la labor?

Significa descubrir el «hacer», y aquí entra la laboriosidad. El «hacer» es creación y es *poiesis*, es decir, poesía. La labor es trabajo y poesía... Soy creativo con mis manos, con mi corazón, con mi mente. Esto te da espontaneidad, la belleza de ser tú mismo sin programar demasiado cada detalle.

Piensa en el fútbol, un deporte que gusta mucho a los jóvenes de todo el mundo: ahora está gustando también en Estados Unidos, donde antes tenían como referencia el fútbol americano. Yo digo que los partidos de fútbol más bonitos son los que se juegan en la plaza: hacíamos «bim bum bam» y veíamos quién venía a mi equipo. Recogíamos del suelo un par de palos y empezábamos a construir una portería haciendo ver que detrás había una red. Y después decidíamos quién sería el portero, el famoso «portero delantero», ¿lo recuerdas?

Sí, el que también puede salir de la portería y meter gol. Se usa el «portero delantero» cuando hay pocos jugadores, ¿en su época también era así?

Claro. Basta poco para sonreír. Podemos sonreír porque estamos hablando del fútbol como deporte *amateur*, no como negocio; estamos pensando en el fútbol como fiesta, como motivo para estar juntos, unidos, y ser adversarios solo temporalmente. Redescubrir la labor quiere decir redescubrir el amateurismo. Y estar orgullosos de ello.

Quisiera acabar preguntándole cuáles son las características que no deben faltar jamás en un joven...

Entusiasmo y alegría. Y desde aquí podemos partir para hablar de otra característica que no debe faltar: el sentido del humor. Para poder respirar es fundamental el sentido del humor, que está relacionado con la capacidad de gozar, de entusiasmarse. El humor ayuda también a estar de buen humor, y si estamos de buen humor es más fácil convivir con los demás y con nosotros mismos.

El humor es como agua que brotara naturalmente con gas de la fuente; tiene algo más: se percibe en ella la vida, el movimiento.

A este respecto, el escritor inglés G. K. Chesterton escribió una frase muy representativa: «La vida es una cosa demasiado seria para ser vivida seriamente».

Todos los días, desde hace casi cuarenta años, le pido al Señor esta gracia y lo hago con una oración que escribió santo Tomás Moro. Se llama *Oración del buen humor* y dice así:

> Concédeme, Señor, una buena digestión
> y también algo que digerir.
>
> Concédeme la salud del cuerpo,
> con el buen humor preciso para mantenerla.
>
> Concédeme, Señor, un alma santa,
> que atesore lo que es bueno y puro,
> para que no se asuste del pecado,
> pero halle en tu presencia
> la manera de poner las cosas en orden.
>
> Concédeme un alma que no sepa del tedio,
> de las quejas, suspiros y lamentos,

y no dejes que sufra en exceso
por ese ser tan dominante
llamado *yo*.

Concédeme, Señor, el sentido del humor,
dame la gracia de entender las bromas,
para que la vida me dé un poco de alegría
y pueda compartirla con los demás.
† Así sea.

Santo Tomás Moro es una figura a la que me siento muy unido. Para entender lo valiente que era, y cómo desbordaba de sentido del humor, basta pensar en sus últimas palabras: «Esta no ha ofendido al rey», dijo apartando su propia barba para que la decapitación no la cercenara.

Volviendo a tu pregunta: primero tenemos el entusiasmo y la alegría, después el sentido del humor y finalmente la coherencia. Por la coherencia pasa todo. Gracias a la coherencia podemos ser creíbles, y si somos creíbles podemos ser amados por lo que realmente somos, sin máscaras. Y después viene la fecundidad: dar la vida a los demás.

Entiendo este término en su sentido amplio, no solo en el hecho de ser padres, aunque esto sea muy importante. Me refiero también a una fecundidad espiritual, cultural. Es muy importante que la vida no deje de ser fecunda: debemos estar abiertos al cambio y a las perspectivas de los demás, necesitamos los pensamientos y las perspectivas de los demás, sobre todo si nos cuentan algo distinto, algo nuevo. A todos los jóvenes, pero no solo a ellos, les digo: no tengáis miedo de la diversidad y de vuestra fragilidad; la vida es única e irrepetible por lo que es; Dios nos espera cada mañana cuando nos despertamos para entregarnos de nuevo este regalo. Custodiémoslo con amor, amabilidad y naturalidad.

Índice

A los lectores de todas las edades.
Por una revolución de la ternura (Thomas Leoncini) 9

I. Jóvenes profetas y viejos soñadores 15
II. En este mundo 73
III. Enseñar y aprender 123